创新成果商业化：
如何将技术转化为产品

（美）杰里·肖菲德（Jerry Schaufeld） 著

李文荣　耿慧　池长昀　叶玮玮　译

上海大学出版社
·上海·

图书在版编目(CIP)数据

创新成果商业化：如何将技术转化为产品 /（美）杰里·肖菲德（Jerry Schaufeld）著；李文荣等译. 上海：上海大学出版社，2024. 10. -- ISBN 978-7-5671-5097-3

Ⅰ. F279.23

中国国家版本馆 CIP 数据核字第 2024ST2107 号

责任编辑　刘　强
助理编辑　陈　荣
封面设计　缪炎栩
技术编辑　金　鑫　钱宇坤

上海市版权局著作权合同登记号图字09-2024-0721号

First published in English under the title
Commercializing Innovation：Turning Technology Breakthroughs into Products by Jerome Schaufeld
Copyright © Jerome Schaufeld，2015
This edition has been translated and published under licence from APress Media, LLC, part of Springer Nature.

创新成果商业化：如何将技术转化为产品

（美）杰里·肖菲德（Jerry Schaufeld）　著
李文荣　耿慧　池长昀　叶玮玮　译
上海大学出版社出版发行
（上海市上大路 99 号　邮政编码 200444）
（https://www.shupress.cn　发行热线 021 - 66135112）
出版人　余　洋
*
南京展望文化发展有限公司排版
商务印书馆上海印刷有限公司　各地新华书店经销
开本 710mm×1000mm　1/16　印张 11.25　字数 162 千
2024 年 12 月第 1 版　2024 年 12 月第 1 次印刷
ISBN 978 - 7 - 5671 - 5097 - 3/F·250　定价 78.00 元

版权所有　侵权必究
如发现本书有印装质量问题请与印刷厂质量科联系
联系电话：021 - 56324200

谨以此书献给那些或成功或失败的企业家们
他们的经历为大家提供了学习和改进的机会

原作者简介

杰里·肖菲德(Jerry Schaufeld)现担任伍斯特理工学院(WPI)创业与技术商业化专业教授、波士顿儿童医院技术转移顾问,拥有丰富的创业、运营及管理技术型公司的经验。

肖菲德先生曾担任 RI Slater Fund 公司(为初创企业提供投资的州级公司)董事、Mass Ventures 公司(准公共技术孵化公司)总裁兼首席执行官,拥有一系列"亲身实践"的创业经历——从几个初创企业的部门级顾问到董事级顾问。他是美国韦尔斯利朗企派天使基金集团(Launchpad Angel Group)的创始成员及罗德岛樱桃石天使基金集团(Cherrystone Angels)的联合创始人。此外,肖菲德先生还是马萨诸塞州中部保登天使基金集团(Boynton Angel Group)顾问、美国天使资本协会(ACA)特许会员、美国东北天使基金联盟(NE Angels ACA Group)创始人。肖菲德先生还是麻省理工学院(MIT)企业论坛创始人及首任主席,现该论坛在全球设有23个分论坛。他还是主营 CEO 级业务收购和资源协作 Incus 集团的创立者。

肖菲德先生是菲尼克斯控股公司(Phoenix Controls Corporation)联合创始人兼首席运营官(COO)。该公司开创了一种技术,可以控制重点实验室和医院环境气流。经过十多年的经营,如今这项技术已成功转让给一家全球500强企业。

肖菲德先生拥有工程学硕士学位、麻省理工学院的研究经验、MBA学位、专业工程师执照和专业董事会证书,且具有杰出技术、运营和管理经验。目前他主要研究为基于技术风险投资的初创企业寻求创新机会,为其创造更大的成功的可能性。

作者序

在本书的撰写过程中离不开众多友人的帮助,我在此向他们表示衷心的感谢,其中包括:

爱德华·罗伯茨(Ed Roberts),麻省理工学院斯隆管理学院教授。当初他热情洋溢地与我分享他对麻省理工学院衍生公司及创业的想法,为我早期的职业生涯奠定了基础。

阿特·帕西(Art Parthe),麻省理工学院企业论坛联合创始人、Draper公司工程组负责人。他坚信自己一定"能行",这种自信为其取得惊人成就奠定了基础,这些成就最终促进了登月飞行控制系统的发展。

鲍勃·麦克雷(Bob McCray),伍斯特控股公司创始人、菲尼克斯控股公司前任董事。我们之间关于诚信以及如何将增长力与公司生命周期现象联系起来的讨论意义重大。

里科·鲍德格(Rico Baldegger),我在瑞士弗里堡商学院(HEG)时的同事兼校长。我欣赏他独特的"瑞士思维",这也深化了我对全球竞争的理解。

麦克·班克斯(Mac Banks),伍斯特理工学院管理学院前任院长。10年前他冒险雇用了我这个不知名的企业家学者,并为我这段新的令人兴奋的职业发展之旅提供了巨大支持和帮助。

迪然·阿彼林(Diran Apelian),教授,在伍斯特理工学院材料加工研究所就职期间实施了一个经典案例来说明在理论与实践的碰撞中可以取得怎样的成就,这为我和同事们在应用学术研究方面树立了榜样。

马萨诸塞州斯特林霍顿小学的一名四年级的老师向我展示了美德和正直的重要性,以及早期灌输学习技能的积极作用,这当然包括现在流行的一种趋势:在低年级阶段就开始培养创业意识。

在此我还想感谢我的朋友、家人和同事,他们持续关心和关注本书的进展和情况,对本书的撰写有很大帮助。

其中,我要特别感谢我的妻子苏,在本书的创作中,她始终给予我支持与鼓励,可以说,没有她,就没有这本书。

衷心感谢 Apress 出版社的友人们,其中包括前编辑杰夫·奥尔森,他肯定了本书主题,并推动了本书的出版;以及罗伯特·哈钦森,在他的帮助下,本书得以顺利出版;还有丽塔·费尔南多,她耐心地指导我的写作,这实际上也是鞭策我不断前进、顺利结稿的不竭动力;最后,非常感谢马修·莫迪后期的加入。

引 言

我们生活在一个空前重视创新和创业力量的新时代。放眼全球,创新和创业这两股力量的结合为我们提供了在全球范围内竞争和赢利的机会。此愿景的实现得益于那些先进的技术和高速发展的信息渠道,确保这些创新想法能够被有效传达给有能力快速接收并转化利用它们的人。

我们虽处于一个日新月异的时代,但提高创新商业化成功率的方式方法仍然滞后。本书提出了一种可以提高成功率的模型,并对此展开论述。其中介绍的大部分内容源于我在伍斯特理工学院商学院教授的研究生课程"技术商业化"。

多年前,飞速变化的时代带给我们的机会只停留于想象之中,而现在"技术商业化"的变革速度令人惊叹,只有具备敏锐的洞察力和适应性思维模型,并为其打下扎实的业务基础,才能从中获益。

目 录

第一章　技术商业化 …………………………………… 1
第二章　商业化模型 …………………………………… 18
第三章　商业化想法的来源：足够吗？ ………………… 31
第四章　学会挑选：机会识别的挑战 …………………… 51
第五章　可行性分析 …………………………………… 60
第六章　项目规划 ……………………………………… 71
第七章　要不要市场化 ………………………………… 80
第八章　数字 …………………………………………… 94
第九章　组织动态 ……………………………………… 110
第十章　投资回报率：这合理吗？ ……………………… 121
第十一章　老大哥与全球竞争 ………………………… 138
第十二章　展望未来 …………………………………… 150

第一章
技术商业化

回顾

我们生活在一个技术快速变革的时代。人口发展、国家基础设施建设、资本形成和物质资源分配都存在明显失衡。公共及私人资助资金对创新创业的大量投资加快了技术变革的步伐。这一变革是全球性的,并借助诸如Meta(原脸书)、X(原推特)、谷歌等互联网社交平台加速发展。同时,人们逐渐意识到,这些社交平台对促进国际快速协作也起到重要的作用。

作为本书的引子,本章开篇将围绕上述内容展开讨论。譬如我们以创新创业为导向,来应对制造业生产基地减少、原材料短缺、环境恶化、全球财富分配结构严重失衡等问题。专注于创新的确催生了大量面向未来的新思路和新视角,然而以往将创新想法转化为商业现实的关注点和方式方法,显然都已经不合时宜了。

本书认为,当前技术商业化的实现比以往更有效、更易成功;可利用的工具和信息比以往更为普遍;将技术引入市场的旧方式方法虽已失效,但大家仍在使用。

那么哪些方法会更有效呢?比如,先通过更多的渠道获取商业化思路,再基于一致的目标和愿景制定备选方案,以此创建将产品和服务推向市场的商业化路径。为实现这一目标,我们需着眼于将创新想法转变为商业现实的全过程。

我们先要讨论这个问题的关键点是什么。事物的发展总是基于某种稳定的经济秩序。以往工业实力集中在美国和欧洲,这些国家消耗着仿佛取之不竭用之不尽的物质资源。他们虽然创造了大量新财富,但多是建立在对穷困国家的掠夺之上,尽管这种致富方式使财富分配严重不均,但是该模式依然在有效运转。当前,失业、贫困、贫富差距、医疗保健与教育资源匮乏、能源资源枯竭及其对环境的影响等问题给世界经济发展带来了巨大压力。

我们迫切希望做得更好!要知道目前全球财富分配不均导致变革能力发展失衡,对教育、互联网通信、正式研发的投资规模不平衡,而解决世界经济发展面临的压力与问题的新方案却少之又少。

> **说明**:创新创业不足以确保未来的变革,因此商业决策必须聚焦于将创新想法转变为商业现实的全过程,这样才有可能获得最大的成功。

全世界都在强调推动创新创业的必要性,认为创新创业有助于建立新的世界秩序并为大众提供更多的财富和机会。或许如此,但在我看来,以当前的创新理念高度及欠佳的创业方案还不足以为大众提供更完善的经济环境。当我们需要从创新上收取巨额回报时,收益往往达不到预期。因此,教育工作者、商界领袖及创新变革推动者必须专注于提高各自领域内项目的成功率,从而将有价值的创新成果推向市场。

专注于创新可带来海量的优质资源,同时促使人们关注的创新成果转化为产品。我有个亲身经历的典型案例,我曾在波士顿儿童医院(CHB)技术转移办公室任顾问一职,当时经手的一个项目便是如此。通过调查,我们认为该项目可联合全国六大儿科医院逐步推向儿科市场。我们给该项目命名为"儿科创新研究机构"(IPI),并向律师咨询是否可以使用这一名字以确保不侵犯他人商标,经律师调查确认可以使用。据她反映,仅在大波士顿地区就有 96 个组织机构在其项目名称中用到"创新"一词——这是个令人震惊的数字!

我们每天都有不少创新想法,但矛盾的是,很少有能颠覆生活的突破性创新。受传统商业模式的束缚，人们更倾向于以季度绩效而非创新变革作为衡量标准。例如在汽车行业，每年汽车改款主要是针对颜色、命名以及性能优化升级等方面，其商业模式似乎并不存在颠覆性变革这一关键元素。

不少创新者认为，创新成果商业化的最佳途径（甚至是唯一途径）是创立新公司。本书将介绍把创新引进市场的多种途径，重点关注如何把创新成果转化为产品或服务，并对创新者、企业家和消费者之间的游戏规则有更多的认识。你将学到更多将产品或服务推向市场的方法，从而加快创新进程，并为技术进步和社会发展所需要的突破性进展提供可能。最重要的是，在本书中你将了解到创新成果商业化的新模式，以尽可能成功地将你的想法推向市场。

创新成果商业化的"路标"

正如所有错综复杂的商业故事一样，技术商业化的历程也并非一帆风顺。从古至今，创新思维时刻伴随人类左右——穴居人用燧石撞击岩石生火以取暖做饭。但若人们仅学会如何生火，恐怕这个故事早就湮没在历史的喧嚣中了。没有食物和住宿这样互补的、可持续的价值主张存在，那么燧石和岩石的作用就显得微不足道了。

在上述故事里，特定历史的"路标"值得我们关注。

这些"路标"有助于我们研究更多创新模式，从中汲取经验教训，帮助我们创建未来发展模式。首先，我们来谈谈爱德华兹·戴明（W. Edwards Deming）的研究成果，他提出了一种兼具创新性与颠覆性的方法以提高产品质量。尽管他的成果在美国遭到断然拒绝，但在日本却大受追捧。

爱德华兹·戴明及其创新变革

爱德华兹·戴明，生于 1900 年，自小就被当作统计学家培养。他曾服务于美国政府部门和美国企业，提倡用基于规则的统计方法来提高产品质量。20世纪80年代,他在位于密歇根州迪尔伯恩市的福特汽车公司工作时,发现在日本工厂制造的产品部件比在美国工厂制造的性能更佳,且很少有客户投诉。

戴明后来在新罕布什尔州纳舒厄的磁盘驱动器制造厂担任管理顾问时,了解到即使是难以量化的地方,比如生产内存磁盘时产生的"软"(难以量化)次品,也可以利用统计质量控制技术加以补救。

戴明在美国本土取得很多研究成果,他的理念也极具影响力。虽然美国业内并未采纳他的方法,但在日本却被采纳了。在日本,他将自己的研究成果应用到一些基础产业如汽车和重型机床零件等。这故事中的"路标"很明显——戴明在国外一举成功,这凸显了美国工业巨头对创新未加以重视,导致美国失去市场份额,以及提生产能力和进行技术革新的机会。

美国曾拥有世界上最强大的汽车制造能力。40年前,丰田还是一个无名小卒,人们普遍认为它的产品质量低劣。在接受戴明倡导的创新变革后,丰田一举成为以质量为上的世界汽车领导品牌,并在短短几年内占领大量市场份额。

随着产品质量的不断提高,日本产品广受消费者青睐,很快就成为诸如汽车、电器和机床等高质量耐用品的代名词。如今,许多日本制造业工厂都在极力推崇戴明的管理理念,对质量的热忱让他们在此期间大力推行统计控制图、供应链质量图,对车间流水线加以管控等。现在,美国和欧洲也在迎头追赶,但还有很长的路要走。

丰田在这场质量竞赛中成了赢家,最终生产出了雷克萨斯汽车,在过去七年里,雷克萨斯位列君迪汽车用户满意指数排行榜(J.D. Power customer satisfaction rankings)榜首。在此期间,久居榜首的梅赛德斯-奔驰跌至第七位,而美国制造的汽车滑落至中等位置。丰田的崛起仅仅是戴明一人成就的吗?或许并非如此。但是戴明的影响力及其对质量的不竭追求使丰田犹如神助一般,削弱了欧美那些看似势不可挡的技术和产业霸权地位。本书探讨的内容不仅是汽车,还有工业耐用品以及电视机(通用电气和美国无线电公司被索尼、夏普、日立、东芝、三菱、松下和三星取代),这些曾经根深蒂固的行业领袖已经完全消失在人们的视野之中。

为什么要回顾 20 世纪和戴明时代呢？理由很简单，对这些时代的回顾给我们上了重要的一课。也就是说，不仅要重视创新变革，还要重视这些变革带来的益处及其能带给客户的价值。书中反复提及的创新不仅是创造技能和变革，还要有能带给客户认知的价值——这些价值可以转化为金融利润和市场份额指标。

沃尔玛光扩张不生产：新型创新模式兴起

到目前为止，商业化历程似乎只看重技术或产业创新能力。但这也难以确定，下一个"路标"就是一个典型案例。山姆·沃尔顿（Sam Walton）于 1962 年创立了沃尔玛，其总部位于阿肯色州的本顿维尔。沃尔顿曾就职于零售行业巨头美国彭尼公司（J.C. Penney），为了带给消费者更好的消费体验，他发起了一场零售购物模式的变革。哈佛商学院的克莱顿·克里斯坦森（Clayton Christensen）认为此举将会是一场颠覆性的变革，然而沃尔玛却在供应链上截取利润并将问题转嫁到市场以及消费者身上。该模式的核心在于创建"超级商店"，这将允许商品在全球范围内大规模流通，从而提高公司的采购能力。沃尔顿将这一独特的新模式转变为商业现实，成为零售效益的新标准。因此，创新变革并不仅限于技术驱动的变革。沃尔顿的创新举措表明，该模式可以"进入市场"，带来新的分销模式。

这一模式也一直饱受争议。当地社区抵制这一新建的"大卖场"，他们认为沃尔玛薪资过低，当地人难以获得有较高薪资的就业机会。人们还担心沃尔玛附近的当地企业可能会面临倒闭。即便如此，沃尔玛还是占据了上风，发展势头强劲。

2015 年，沃尔玛营业年收入高达 4 700 亿美元，净收入达 170 亿美元，员工多达 220 万名。沃尔玛在经营模式中创新应用了无线电识别标签（Radio Identification Tags，RFID）技术，这样沃尔玛可以在交易时"追踪"顾客的消费情况。消费者从康涅狄格州纽黑文的货架上购买一件商品，计算机系统就会通知位于中国仙居的制造厂。销量增长意味着需求量增加，工厂也会随之增产。除了作为颠覆性变革案例，沃尔顿的创业经历还反映了美国制造业的主导地位在不断衰弱，因而我们需要聚焦更多的商业化模式来提升竞争力。

为什么要在一篇技术商业化的文章中关注沃尔顿的创业经历呢？实际上，沃尔顿就是创新的象征。在许多方面，他都是我们在创新实践中的精神化身。本顿维尔既不是硅谷，也不是128公路高技术区，但沃尔顿尽他所能把想法变成了商业现实。沃尔玛的经营模式并非完美无缺，但它确实扭转了零售业的经营状况。

著名作家、《纽约时报》撰稿人托马斯·弗里德曼（Thomas L. Friedman）在他的获奖著作《世界是平的》中着重提到了沃尔玛。弗里德曼指出，沃尔玛不生产任何东西，它只是分配和低价销售来自世界各地的产品。很多地方的产品之所以低价是由于当地人民的工资水平较低，这成为沃尔玛维持其经营模式的一个重要因素。例如，2007年，在世界贸易组织发布的年度报告中，沃尔玛从中国进口的商品价值高达270亿美元，占中美贸易逆差的11%。

雷克萨斯 VS 福特

当然，现实中还有很多案例可以证明创新对大型商业化项目的影响。另一有趣的案例还是与汽车行业相关，这一案例揭示了经济失衡的另一重要方面。我在伍斯特理工学院的技术商业化课程中以此为案例，很快就引起了对创新商业化经济学的激烈讨论。

我们来看一个简单的例子：雷克萨斯460高端型号和福特"探险者"的车门外部把手的配置，前者售价逾8万美元而后者仅2.5万美元，两种型号的车门把手都只是由两个螺丝固定而成。根据美国劳工统计局2012年的劳动报酬报告，雷克萨斯公司在日本爱知县的田原工厂，其小时工的时薪约为18美元。在福特设备完善的伊利诺斯州芝加哥工厂，工人的时薪则高达75美元（含薪资和补贴）。令人费解的是，雷克萨斯的产品在品质认可度方面是福特及其他汽车制造商望尘莫及的。造成这种差异的原因在于逐渐增加的工会谈判、车间监管的冲击与精益生产环境之间形成的鲜明对比,这给新的全球竞争带来重大影响,即全球不同地区的工资差异可能会主导创新想法如何进入市场的话语权,因而我们必须找到更好的途径。

本书以较大篇幅的"路标"案例表明,崭新的全球竞争是一场拉锯战,包括多重循序渐进的步骤和变革,并非突然有一天发现所有竞争者都加入到这个国际舞台这么简单,而是一个渐进的、连续的过程。

开始创新

只要关注汽车行业的发展,你就会发现从创新想法到商业现实的历程中有一个更重要的因素——创新的作用。美国的汽车制造能力位居世界第一,而普锐斯混合动力汽车这一创新成果却是由日本丰田公司开发制造的,美国压根就没有这项创新技术。

普锐斯的发明是继奥托循环发动机发明以来汽车行业的又一大创新变革。早期的发动机于19世纪末被引入汽车行业,当时耗油量甚至未被列为设计标准。到了21世纪初,这种情况发生了翻天覆地的变化。中东发挥了其调节石油生产和供给消费者的能力,这自然大大提高了每加仑或每升石油的价格。随着经济趋势的转变、消费者对燃油效率及环境的关注,丰田推出了普锐斯系列汽车。它拥有天然气和电力推进系统,这两种不同的技术系统共同维持其驱动负载——内燃机和电动机,每加仑行驶40英里作为常规参数。在美国,如今已有逾百万辆普锐斯汽车在公路上行驶。欧洲在提高柴油发动机效率方面则另辟蹊径,但不像普锐斯那样新颖和极具创意。这个案例告诉我们,一份全新的、强劲的市场份额就是给创新的适当奖励。

再来看看底特律在汽车行业处于什么位置。底特律似乎一直在安于现状。20世纪60年代初美国汽车行业"三巨头"的年度报告显示,底特律的研发支出相对适中,在销售额中的占比为2%—3%。相比之下,硅谷企业占比在9%—11%之间。

如果创新可以简单概括为技术、设计、速度、成本和社会影响的变革，那么计算机技术应用可以成为最典型的创新案例。数量不胜枚举，但大致可以归为以下几大类。

第一大类是计算机的不可视应用，即"嵌入式"应用。汽车行业的计算机应用就属于这一类，平均一辆现代汽车的处理器约为17个。处理器用于控制发动机性能、缓解能源环境问题、调节收音机、灯光甚至座位位置。其他隐藏式（嵌入式）应用领域包括电器、恒温器、医疗设备、照相机、乐器等。在大多数情况下，随着应用性能的改善，成本也会降低，这简直是一大壮举！此外，这些变革发展迅速，大大超过了技术的正常产品周期。

第二大类是计算机应用，即通过在硬件和软件中使用运算来扩展设备的使用范围，其中包括语音识别、声像应用（音乐）和游戏。当然，计算机在信息技术和数据处理方面应用广泛且范围还在不断扩大。在计算机科学领域，出现了一门名为"数据挖掘"的学科。它衍生于20世纪60年代的大型商业数据工具，如贝叶斯分析法、回归分析法等。随着数据创建及数据使用率的增加，更好的技术和计算能力更强的计算机工具不断兴起。数据挖掘可以通过分析数据来发现相关模式和应用途径。

这一类的延伸领域还包括对硬件应用程序的运用，如机器人、自动化和快速成型技术等，每一种应用都需要快速的计算能力、较高的技术含量和更低的成本。获得创投资金支持的商业化项目都基于计算机及其使能技术，投资项目包括半导体、磁盘驱动器、显示器和微型计算机制造商（即数字设备公司——DEC）。如今，软件和应用软件公司也已经发生了重大变革。

第三大类势头较强劲，即社交媒体。例如，Meta（原脸书）、谷歌、X（原推特）。与此同时，云系统作为实时存储和程序源也在飞速发展。业内权威人士一致认为，所有这些创新案例只是应用程序的一波新浪潮，并不能长久地改变游戏规则。如今，社交、政治和法律方面的应用程序层出不穷，似乎势不可挡,甚至超过现有公司模式的资金运转及人员配备能力,这真是科技应用的"狂野西部"。放低新应用程序的市场准入门槛可以说是各有利弊,好的是几乎每一个能想到的应用程序都可以找到相应的细分市场。不好的是主张创造可持续价值的能力的确难以把握。传统的市场准入壁垒不复存在,无论是安全的知识产权转让,还是长期可持续的价值优势似乎都难以把握,因此与传统的以技术为基础的投资相差甚远。

创新实践者

即使我们可能会陶醉于那些成功地将新想法引入商业现实的成就,但也要意识到基础设施和制度模式在商业化过程中的作用至关重要。

创新方案逐渐成为政府重点关注的事项,美国政府支持创新变革的案例就有不少,小企业创新研究(SBIR)项目就是其中一例。该项目旨在鼓励小企业的技术创新,满足联邦政府的科研需求,将联邦政府的投资项目商业化。

项目创始人罗兰·蒂贝茨(Roland Tibbetts)呼吁国会继续关注 SBIR(2008 年 5 月 28 日),他曾表示"创新想法尽管前景可观,但对于包括风投家在内的个人投资者而言太过铤而走险"。该项目的一大特色是分三个阶段给前景可观的项目大量拨款,且这个拨款是递增的。在项目测试阶段,随着创新理念从想法孵化到最终商业化,资金在整个过程中会不断增加。每年的拨款由 11 个联邦机构发放,金额高达 1 亿多美元。高通、iRobot(主营 Roomba 扫地机器人)以及生产达芬奇机器人的那家公司,都是由政府拨款支持起步的。

人们会思考政府在这一过程中扮演的角色。指引风险投资和天使投资者的传统投资模式似乎无法发掘出项目的早期潜力。尽管利用传统风险模式获得成功的案例比比皆是,但这种风险是由公共资金承担的吗?目前资金规模是空前庞大的,除 SBIR 的融资模式外,美国还有其他类似的项目,如小企业技术转让项目(STTR)。该项目会为特定的技术型项目拨款 1 亿美元。

企业界对创新研究也有不少的贡献,已有一些公司提出了可持续创新的企业文化,位于明尼苏达州圣保罗的 3M 公司(Minnesota Mining and Manufacturing Company)就是一例。一百多年来,3M 公司不断向市场推出极具颠覆性的新产品与新服务,例如干湿砂纸、思高胶带和便利贴就是其中三个最具代表性的产品,但这些产品的诞生也并非是一帆风顺的。便利贴的灵感就是源于一批差点被丢弃的次品胶带,这批产品黏性极差,公司内部差点因此停产。直到一位行政助理利用它弱胶粘剂的特性,把胶带粘在她的短期票据上,这才让它起死回生。如今,便利贴已发展成为一个独立的产业。商业周期中至少有一个元素允许直觉性和机会性事件的发生。这与更规范的途径并不矛盾,只是在对一系列潜在项目提供机会时给予了考虑。

苹果公司的创新文化

3M 公司一直是创新标杆,它的销售数据会让众多公司黯然失色。现如今,个人计算机和辅助电子产品相关产业继续引领着这个快速变革及创新的世界。其中,苹果公司崭露头角。该公司由史蒂夫·沃兹尼亚克(Steve Wozniak)和史蒂夫·乔布斯(Steve Jobs)创立,公司最初的愿景是为普通用户配置创新且友好的个人计算机。两位创始人不断挑战,以期在设计和预期客户需求方面独具创新,目标是提出超出消费者预期的创新方案。

于是,苹果二代(Apple II)一炮打响。虽然它的受众仅限于教育工作者和业余爱好者,但它却受益于 VisiCalc 的开发,VisiCalc 是微软 Excel 的前身。该软件的发明者丹·布里克林(Dan Bricklin)注意到,哈佛商学院的一位教授在处理审计信息时,经常遇到行列分布问题,于是为苹果二代开发了 VisiCalc 电子表格软件,后来该软件在审计和数值分析方面发挥了巨大的作用。

沃兹尼亚克给电脑配备了鼠标和环绕式显示框,这个显示框可隐藏进屏幕边缘。这个电脑最初是由斯坦福研究院开发,主板上甚至有两个软盘,可用于程序和数据访问。他们在外观设计上花了很大的精力,让用户体验到人机界面自然而不机械的一面。按照现代标准,这就是个初代机——但这可能也是创新的基本特征之一。创新过程的核心是努力将创新想法带到用户市场。创新想法一旦见到曙光,就能通过不断的颠覆性变革来逐步完善这个想法,并使其发挥出更大的效用。就像一粒沙子经过蚌的不断打磨,终成一颗璀璨圆润的珍珠。

沃尔特·艾萨克森(Walter Isaacson)在2013年出版的《史蒂夫·乔布斯传》(同名传记)中指出,苹果公司和乔布斯的未来并不会像完美故事那样一帆风顺。乔布斯和他的创始伙伴史蒂夫·沃兹尼亚克产生了分歧,于是苹果二代的后继型号Lisa未获得市场认可,公司濒临破产。公司后来又引进三名外部首席执行官,但很快又解雇了他们。最终,连乔布斯自己也被解雇了。他在硅谷继续与人合作创立了一家名为皮克斯(Pixar)的动画公司,并开始为电影产业开发计算机技术。

故事后来发生了反转,乔布斯又回到了苹果公司,并实行了一系列极具颠覆性的变革。艾萨克森详细讲述了乔布斯重返公司后的影响,从对产品细节的苛刻要求,到对员工和投资者的激烈交流,乔布斯因引入多项重大创新而成为英雄。公司名称由"苹果电脑公司"(Apple Computer)改为"苹果公司"(Apple),公司产品包括iPod、iTunes、iPhone和iPad——每一个产品都致力于改变它们所在行业的细分市场。iPod改变了我们购买和听音乐的方式,iPhone引领了手持通信设备和应用程序的开发,iPad开创了一种新型笔记本电脑,这些创新成果都影响深远。苹果公司因此成为当时市值最大的美国公司,拥有最大的企业现金储备。不幸的是,乔布斯于2011年因癌症去世,只能由苹果公司的专业团队去尝试延续他的传奇。

历史学家和学者对于乔布斯英年早逝后,这家公司未来是否还能维持其原本价值持怀疑态度。早期和目前的股价下跌趋势可能会持续下去,三星等竞争对手对iPad和iPhone两个市场的渗透,稀释了苹果的市场份额。毫无疑问,苹果无论能否维持收益,都为企业创新设定了一个新标准。

博士公司

阿玛尔·博士(Amar Bose)提出了另一个观点,创新取决于寡头控股(私人)公司的投资能力,即能以超越同行的竞争标准来创新。博士是麻省理工学院物理学教授的门生,他向他的论文导师借了1万美元创办了"博士公司",他的目标是创造诸如高级音响扬声器、降噪耳机等高性能的产品。公司属于私营性质且基本上归他个人所有,因而他可以在产品开发中追求某些方向,而不需要由股东们批准,也不需要接受其他投资者的审查。

博士于2013年7月去世,《波士顿环球报》在他的讣告中提及,他在一种新型声学汽车悬架系统上投资了1亿多美元。博士公司尽管对外公开报告其销售额高达数十亿美元,但很难想象他把这么多钱砸在一个新项目上。这案例介绍了私人持股公司是如何接触到那些公共机构所无法接触到的领域,因后者的研究经费需要在监管部门和股东监督下运作。

柯特·卡尔森:SRI 创新法则

还有许多创新实践者独具匠心地将创新过程人性化,柯特·卡尔森(Curt Carlson)就是其中一员。卡尔森率先应用高清电视技术和其他光学图像质量创新成果,作为 SRI 国际公司智囊团的领头人,他率先创新了一种公司模式。在他的《创新》一书中,他描述了一个"NABC"法则,以帮助人们在创新的过程中调节并保持规范。"NABC"分别代表:

- N——Needs(客户需求)
- A——Approach(进入市场的途径)
- B——Benefits(使用这些方法的单位成本收益)
- C——Competition(市场竞争力)

伍斯特理工学院位于马萨诸塞州伍斯特,卡尔森是该学院的董事,他引进了"NABC"模式,作为本科阶段必修课。该课程以学生项目为主,研究其项目商业合理性。

创新思维：克莱顿·克里斯坦森

哈佛商学院教授克莱顿·克里斯坦森写过很多关于颠覆性创新本质的书。他发现，颠覆性变革正以一定的速度不断发展。在他早期的工作中，他专注于磁盘驱动器行业领域，该领域技术的快速变革对约35家制造公司产生了重大影响，这些持续的变革主要涉及所用磁盘的规格和存储容量。

在技术变革早期，美国国际商用机器公司（International Business Machine，IBM）发明了一种直径为14英寸（1英寸≈2.54厘米），但存储容量仅为5兆字节的计算机存储盘。后来的驱动器直径从14英寸到8英寸再到5.25英寸，最终在几年内缩减到3.5英寸，每一代驱动器都是通过量算法增加磁盘容量。如今，它的直径已经能缩减到1.6英寸，存储容量突破1万亿字节，现在的驱动器小到可以装进手机。与此同时，产品开发周期也从2.6年缩短为不到6个月。

这一变革速度对驱动器的生产商和用户都产生了巨大的影响，他们无法快速地从一个产品系列过渡到下一个。最初有35家公司生产驱动器，现在仅剩4家。如今，衡量公司的不仅是财务指标，还有一些软指标，比如能否很好地适应更短的产品生命周期和市场变化。

艾迪欧公司：设计与咨询服务的创新

敏锐的创新实践者除了像卡尔森和克里斯坦森等代表人物外，艾迪欧咨询公司（IDEO）也赫然在列。艾迪欧公司是1978年由斯坦福大学的大卫·凯利（David Kelly）等人创立的，公司的使命是"培养持续创新所需的能力"。他们在其研究方法中嵌入了一个称为"设计思维"的过程，在这个过程中，问题被视为相互重叠的空间，这些空间被识别为灵感、构思和实施方案。这种独特的维恩图示法与许多人使用的串联法、内联法和循序渐进法形成了鲜明对比。艾迪欧还使用"路线图"模型来展示客户的决策和创新想法对未来的影响。

基金会的创新

基金会领域也存在很多组织模式,其中最典型的是位于密苏里州堪萨斯城的考夫曼基金会(Kauffman Foundation)。该基金会是由埃恩·玛瑞恩·考夫曼(Ewing Marion Kauffman)于20世纪60年代中期创建的,考夫曼先生也是世界一流组织玛瑞恩实验室(Marion Labs)的创始人。考夫曼基金会的资产价值逾20亿美元,是世界上最大的私人基金会之一。基金会的职责是关注企业家、妇女和少数族裔等无法充分享受政府福利的人群。该组织也致力于促进创新,旨在推动一个"人人经济独立,人人积极参与,人人贡献社区"的社会,包括为科学和技术领域的创新者设立项目。

当然,以基金会推进创新商业化的路径并不仅限于大型私人组织,以威斯康辛州沃基夏的科恩家族基金会(Kern Family Foundation)为例,该基金会的创始人罗伯特·科恩(Robert Kern)和他的妻子帕特里夏(Patricia)在1959年创办了一家名为杰能瑞克电力系统(Generac Power Systems)的公司。该公司设计、制造备用电源,主要是以天然气为燃料的发电机。1998年,科恩卖掉公司一个部门,并用所得资金创建了慈善基金会,该基金会旨在向年轻工程师传授"创业创新思维"。一个名为"科恩创业教育网络"(KEEN)的创新项目被纳入这个基金会。它由20多所大学组成,在实践创新领域有许多研讨会和讲习班。举个例子,我在伍斯特理工学院就用慈善资金创建了一门名为"工程师的创新和创业"的课程。每年都会设置多种课程,每种课程的报名人数都会爆满,学生一课难求。

创新模式的诞生

一系列创新的"路标"催生出各种创新模式,即多途径造就多种灵感。

尽管想法极具创造性,但如果没有重点和明确的目标,那么其设计和开发研究还是会错过新的机会。在《麻省理工科技评论》的封面文章中,阿波罗11号宇航员、曾登上月球的巴兹·奥尔德林(Buzz Aldrin)总结出了这一点。他悲叹道:"You promised me Mars colonies. Instead, I got Facebook."(你承诺我殖民火星,我却得到了脸书。)

在同一篇文章中,贝宝(PayPal互联网信用卡支付公司)的联合创始人马克斯·列夫齐恩(Max Levchin)说道:"我觉得我们应该志存高远,否则即便我们付出了巨大的努力,也难以研发出有意义的颠覆性技术。"

一些人指出,风险投资界为存在风险的创新项目转变为稳步发展的项目奠定了基础。2012年12月,在接受美国在线(AOL)TechCrunch采访时,硅谷一家名为创始人基金(Founders Fund)风险投资公司的合伙人布鲁斯·吉布尼(Bruce Gibney)向亚历克西娅·索西斯(Alexia Tsotsis)表示:"在20世纪90年代末,风险投资组合发生转变——从投资变革型公司转向为那些能解决增长问题,甚至解决假问题的公司提供资金。风险投资家已经从投资未来变为投资当前有特色的、微型的或无足轻重的项目。"未来10年,X(原推特)可以提供500个工作岗位,但是它又能为整个经济发展创造什么价值呢?

企业家们如微软创始人比尔·盖茨(Bill Gates),决心要做到"家家户户都拥有电脑";又如苹果公司的乔布斯一心想生产出"世界上最好的电脑"。无论是他们的投资策略发生了转变,还是他们更倾向于稳步增长,比较一致的是,人们不再挑战像月球或火星项目那样规模和影响都很巨大的项目了。

问题不在于意见不一致,而在于我们早已忽略了有意义的项目。在美国国家工程院(NAE)2012年的年度报告中,发现了七个"大问题"。第一,还有10亿人仍存在电力需求缺口;第二,数百万人喝不到干净的水;第三,气候变化;第四,制造业难以提供充足的岗位;第五,人口增长超出我们食物和营养的供给能力;第六,接受教育成为一种奢侈;第七,癌症和失智症等疾病或将威胁所有人的生命健康。

这些问题和火星任务一样值得关注且极具挑战性,但不知何故,我们不再寻求对应的解决策略。我们的止步不前可能是投资策略导致的，或是政府干预，又或是缺乏创业精神，甚至是教育出了问题，无论是何种情形，变革的时机已经成熟。

在本书的其他章节，我将概述一些可以用来恢复我们的立足点，并可通过商业化手段解决这些"大问题"的方法。此外，这些方法该如何去适应新世界的需求，如全球性竞争、资源枯竭，以及技术大变革。

我相信具备充足的创新想法和解决方案的模式已经出现了，但这些创新想法和解决方案缺乏导向以及流程，从而难以促进世界发展。这进一步表明，流程创新可能与实际的解决方案同等重要。当资源和资本供给源源不断时，流程可能就退居二线了。但是现在，流程是前进的重要一环。

> **说明**：增长变革会消耗大量的资金、时间、物力和人力，而关注严峻的且具有颠覆性的问题，如解决能源、食品、医疗保健和可持续性问题，就像登月甚至火星之旅一样极具挑战却又收获颇丰。

在流程之外还有我称之为"大我"和"小我"领域的挑战。"大我"包括一系列存在风险的颠覆性创新，这些创新将改变世界的进程。把人送上月球当然名列其中，Apple爱好者们使用的20万个应用程序也算是另一个层次的创新。

"小我"是指稳步地改革、改进和运用，这些会对我们的生活产生边际效应。"小我"虽然只是产品和市场的填充剂，但也是在消耗大量的人力资本和财政资源后才得以实现。显然，实质性项目可以更加有效地利用资源。定义一个强大、可行的价值主张，有助于集中精力为完成这些任务更好地分配资源。

总结

有一点是不能忽视的，即本章透露的所有信息都是在快速变革的背景下发生的。人口的增长、资源的减少、计算机和社交媒体惊人的互联性,这些都表明我们必须找到更好的方法。我们必须做得更好!接下来几章中描述的模型提供了一条途径,可以更快、更好地为商业现实提供实用的、成功率更高的解决方案。正如你将看到的,本书将带给读者一些实现商业化的基本要素。

第二章

商业化模型

流程的价值

上一章我为大家介绍了一些目前已有的创新思维、项目甚至公司,这些为我们的创新创业提供借鉴。然而,就业、财政增长和财富分配的经济指标却相对滞后,这表明我们需要探索更多的创新来源。我在研究成功所需的创造力和生产能力的过程中发现它们是有倾向性的,或许有更好的途径去关注这些创新想法所带来的商业机会。即学会如何将这些想法转化为商业活动,而这迫切需要一个创新商业化模型(流程)!

一个创新商业化模型可以提供对接交流的有效手段并可以用以把握进度及确认结果是否有效。以上是基于这样的想法——规范流程可以提高结果的成功率,这样就能更有效地分配资源,更高效及时地进入用户市场。

借助模型或流程图更有利于将想法转化为商业现实。由于传统商业化流程往往缺乏敏捷性和灵活性,而这些要素正是优化商业现实所必须的。因此我们需要更灵活的办法。使用那些大家比较认可的、可视的主流模型,在每一阶段都能给予我们备选方案。

接下来的案例涉及开发新想法的各种途径和选择,通常情况下,建立创业模型是流程的第一步。

创业是实现创新想法或成果商业化的灵活方式之一,这种方式极具吸引力。诚然,创业自身的确具有许多优势,比如,全新的开始,明确的目标和可观的未来收益潜力。创办企业并一举成功当然诱人,但在大多数情况下,通过创业获得商业成功的概率微乎其微。除了创业,还有许多其他途径可以进军市场。本章所介绍的流程模型为选择最可能有效的商业化途径提供了更为规范、更加灵活的方法,让你明白创业不是创新商业化的唯一出路!

为什么需要商业模型呢?

本节并非是关于商业建模的论述,而是通过介绍商业模型,来界定和理解商业化流程,进而探讨商业模型方法论是否能提高商业化的成功率。

2013年12月16日,亚尔科·塔帕尼·佩利卡(Jarkko Tapani Pellikka)和帕西·马利宁(Pasi Malinen)在《国际创新技术杂志》(*International Journal of Innovation Technology*)发表的一篇文章中认为,企业尤其是小型技术企业面临着越来越激烈的竞争,只有借助有效的(并且有文档记录的)商业化流程才能确保企业的生存。此外他们还注意到,这些小型技术企业的发展方式似乎过于封闭,例如严重依赖于研发。这些企业几乎没有犯错余地,也没有厚实的家底可以东山再起。

接下来介绍的既不是绝对的解决方案,也不是一成不变的"一刀切"式的工具。因为如果只是这样,那就太过简单了,难以反映出商业化的动态创新本质。接下来我们一起来探讨一下商业模型是什么,以及有什么作用:

(1)这一模型最简单的形式是一个多向输入的流程图,在其形成和执行阶段,需要合作及达成共识。随着决策所需信息的改变,模型也会随之发生变化。

(2)有效的模型应包含"学习"这一环节,并通过不断的反馈来完善结果。

(3)该模型有助于分解商业化流程中一些复杂的环节,并将这些环节分配给其他人,让他们自行处理。这里先简要介绍该模型包含的各个环节,后续章节会详细展开介绍。

(4)该模型需要经过测量或量化,依托其他项目和行业标准进行基准测试,从而达到维护的效果。一旦被测量,通过设置要调用的前瞻性指标,模型就可以持续改进。最终由此计算出给定项目的各个要素对成功的贡献率,以达到建立正向商业化模型的最终目的!

(5)模型也需要有一个规范,这就像飞行员在飞行前需要确认检查表一样。即使驾驶相似的机型沿着相似的航线飞行,他们还是要在起飞前,或在确认航行所需的资源前,对照检查表进行逐项检查。而很多项目并未接受类似于飞行检查的或同等的严格规范检查,这真是让人大吃一惊。

尽管存在很多优点,但商业模型的演化并非一贯正确。它的不足包括但不限于:

(1)严格遵循模型的规范,反而会弄巧成拙。因为如果使用模型运行中的专业知识进行实际操作,用户会忽略模型的灵活性。再以飞行员的术语——"态势感知"打个比方,即飞行员要随时对飞机上的突发事件做出决定。在之后的内容中,我们将讨论解决这一问题的变通方法。

(2)尽管本节的主题是要探讨出一个严格的、规范的模型,从而更好地服务于组织,但是在实际使用过程中还是需要维持一个平衡点。某些计算机工具,如仪表盘及其他可视化工具,可以用图示展现想法的变化,再将想法与规范的模型进行比较。也有人认为,除了那些符合统一目标的项目外,一些规模小的项目也可以参照这一模型。

(3)建立模型时,人们既无法体现企业(项目)的目标或远景,也无法反映组织的内在实力,缺乏其中的任一方面都无法取得最佳的结果。

(4)该模型仅凭利润、市场份额、上市时机等所谓的成长性指标,而给出不理想的结果。

在现行商业模型的背景下,研究商业化过程中出现的问题更有意义。建立商业模型的理论基础源于我在伍斯特理工学院教授的关于技术商业化的研究生课程,以及与产品开发和初创企业专业人士的讨论。

一种商业模型

早期对商业化流程的研究讨论主要集中在筹资机制、可行性分析等具体问题上,很少会有人提及整个流程。本书之后会提到我咨询了克莱斯勒-菲亚特(Chrysler-Fiat)研究实验室团队,他们专注于开发新产品,始终致力于"机会识别",以及如何克服当前(后来被确认为长期)的僵局——大量投资计划书纷至沓来。只要能够克服这些积压的提案,就能提高整体表现。

实际上,商业化流程中任何一环的失败都可能导致整个方案偏离正轨。整个商业化周期流程大致包含五个独立部分。商业化的具体步骤会因所处的行业、成长阶段或所需资金的不同而有所差异。例如,在生物技术或大型资本设备项目(如钢铁厂)中,决策的监管力度使这种模型的影响超过简单的初创企业。现在的问题是如何确定一个通用模型,从而服务于一些更为复杂的项目。

记住这些注意事项,然后我们来看一个商业化周期的图示模型(见图2-1)。

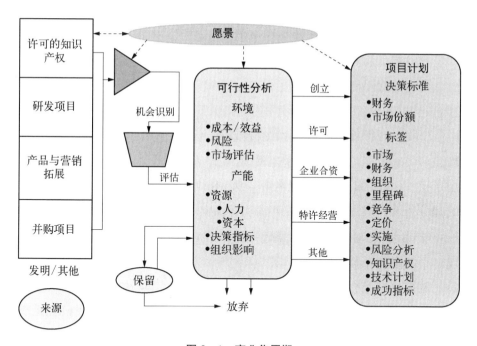

图2-1 商业化周期

该模型虽然不是包罗万象,但也在一定程度上概述了决策路径及流程,并描绘了创新想法如何实现从概念到商业化的整个循环过程。图示表明,衡量标准是由市场金融驱动的,如果遵循列出的规范流程,商业化成功的概率会更大。该模型由想法来源、机会识别、可行性分析、上市方法、项目规划五个部分组成。以下是对这些部分的简要介绍，后续章节将会详细探讨。

想法来源

在创业的过程中，商业化的想法是很难发现的，但这一点又至关重要。上一章提到，目前并非创新想法不够，相反，有众多可能的途径可以实现项目目标，但因此也会在选择的过程中产生混淆。事实上，这就是商业化周期的开端。

> **说明：**若现有组织里有人提出一个商业化项目，那么将项目提案与公司的远景及其规定目标结合起来就很重要了。当你有能力直接将项目与规定远景相结合，那么从母公司获得财务、人力和其他所需的资源就会容易得多。

在整理多种创新来源时，避免盲目地重复利用单一的渠道很重要，积极主动为给定项目寻找最匹配的资源十分关键。在图2-1中，可以看到用于技术商业化的五类传统资源。所示清单并不完整，只是对备选方案的部分节选。模型还包括"其他部分"，也就是那些可能适用于给定项目的，一些新颖的、不落俗套的想法来源。

在外部视觉参考受危及的情况下——如飞越云层时，有资质的飞行员需遵循仪表飞行规则（Instrument Flight Rules，IFR）。在飞行资质认证的训练中，飞行员需掌握六种主要仪器的用法，来综合考虑飞机在这种情况下的性能。训练包括实时察看全套仪器的运行，来获取多元信息。例如，扫描设备如果出现故障，飞行员的视线就会聚集在任意一台设备上，这会导致飞行故障，随即飞机失控。

这和寻求商机非常相似，执着于一条道路很可能会失败。

人们很难不寄望于发明成果。有不少文章着墨于创造力和开发想法的作用。大多数人的脑海中都会浮现这样一幅画面：在新泽西州西奥兰治的实验室里，爱迪生在认真钻研数百根灯丝，最终可以享受发明成功的瞬间。

而当我们站在预设好结果的模型角度来看待它时，内部发明也许是一条最不可能通往成功的途径。这就是为什么图2-2从探讨技术许可及其内在优势开始，然后从其他来源进行类似的详细审查。第三章会更详细地讨论以下每一个类别的来源。

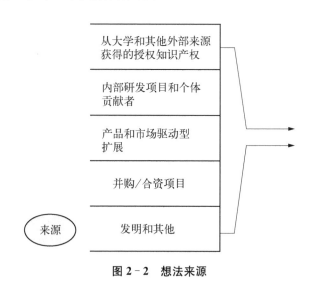

图 2-2 想法来源

机会识别

在资源分配决策的背景下，对于创新想法是如何被整理或精选出来的有颇多着墨。简单来说，学者们把这一过程称为机会识别。文献中，关于实现这一过程的方法，他们各执己见。许多决策过程倾向于依赖分析工具和方法，而非直觉，这使直觉的作用大打折扣。然而，直觉的作用可能比我们想象的更大，需要给予更多关注。

直觉的作用

本书虽然着重于追求商业化的系统方法，但认可直觉或"本能感受"

的作用也变得很重要。因而,科学和工程等领域的有专业素养的人将寻求一个更有序的商业化流程。

随着决策权在公司层级中不断上升,其本质变得越来越模糊、笼统且经不起推敲。企业 CEO 主要将企业愿景中的各要素作为决策基础,而中层管理者主要负责资产设备中的大件采购,两者的职权完全不同。后者的决策更多依赖程序化的标准和简明的数据驱动。无论是否基于财务指标,如投资回报、市场渗透衡量甚至生产力增长,好的决策都是由分析带动的。

直觉和直觉决策的特点是有着广泛的应用范围和实践经验,图 2-1 试图向我们展现不计其数的影响因素,这些因素不但影响直觉决策,而且也影响了对结果有效性的一系列预期。

几年前,我前往沃利策音乐公司的吉布森吉他分部参观,从另一个角度佐证了直觉决策的价值。该公司位于纽约州布法罗附近,在参观吉他的生产的过程中,我注意到有个稍许年长的人会试弹每把"新鲜出炉"的吉他,然后在上面签上自己的名字。制作吉他的过程相当复杂,签名是生产过程的最后一步。在这一步,接受质检的吉他已经消耗了极大的生产成本。然而,这位长者仍然是一个重要的关卡,也是制作的最后(凭直觉的)一步。他是一名质检员,表面上看,尽管这里的一切都是自动化管理,但是凭借着对乐器质量精准的直觉,他在每件乐器的内面留下了自己的签名。

规范的方法

在一次会议上,我曾见到克莱斯勒公司(Chrysler Corporation)创新中心的主任。他说,他们从员工那里收到了成千上万条想法和建议,但公司内部并没有一致的程序来决定哪些想法和建议应该付诸实践。他们采用了委员会投票程序,但实际上,他认为还需要一种更有条理的方法加以改进。

接下来是在学生专业资格项目(MQP)论文中对伍斯特理工学院开发过程的阐述。除此之外,该文章还提出了十一分之一的选择准确性。这意味着当有 11 个项目时,模型可以确定哪个项目最符合组织的愿景。这一分辨能力很重要,因为它只需要考虑最符合商业化的项目或公司总体远景和目标的项目。文献表明,仅五分之一的选择准确性就已经足够。

在论文撰写时,现有的方法只能实现五分之一的选择准确性。这意味着该方法只能从被确认为符合项目标准的五个里选一个。十一分之一隐含着的准确性说明伍斯特理工学院的方法更有效。选择准确性越高,这个流程就越精准。为了拓展这个想法,本书旨在探讨成功的可能性是否可以提高。在流程的早期阶段,分辨能力越强意味着越有可能取得乐观的结果。

负责该项目的大四学生林奇(TJ Lynch)想在毕业后创业,像许多雄心勃勃、充满好奇心的学生一样,他无法决定下一步该怎么做。他说"所有项目看起来都很不错"。而作为他的合作导师,我建议他在众多机会中选择一个项目来开发模型会更有意义。他也认为可行,这为他的 MQP 和项目选择的研究奠定了基础。

这个流程一开始就需要对项目目标及其"远景"进行有序的审核。远景包含各种元素,这些元素在评估过程中会被量化并被当作权重因素(乘数)。例如,如果总体目标是成为低成本小部件的技术领头羊,那些有着小部件技术和高成本效益的项目就会被分配更大的权重(乘数百分比),这些乘数之后将用于评估各个功能领域。

接着,实际项目会被分解为多个功能模块,并将权重因子相乘相加,产生一个项目排序。在伍斯特理工学院的 MQP 中有对流程细节的描述,标题为"为企业家开发和应用多重分析工具",这是一个公开文件,可以通过伍斯特理工学院的图书馆系统访问[①]。该报告对这一流程做了详细的研究,在第四章中会进一步阐释。

我们有必要把机会和想法区分开,机会也许经受得住可行性、财务指标、对组织的影响等方面的严格测试,然而想法众多,却好坏参半。林奇模型在目标清晰的情况下,专注于确定机会和量化机会的必要性。

---

① http://www.wpi.edu/pubs/E-project//Available/E-project-050509-091115/unrestricted/tjl-MQP-MOpA-Tool-Dog.pdf.

再者，可量化的方法和主观性更强的直觉法之间截然不同，在我和项目经理以及新市场开发经理的多次讨论中，他们一致倾向于寻求更多可分析的方法。

引用安迪奇维利（Andicivili）、卡多佐（Cardozo）和雷（Ray）2000年发表在《企业创业学杂志》（*Journal of Business Venturing*）上的文章，作者将"创业警觉性"这一概念作为创造机会的驱动力。罗伯特·科恩先生是杰能瑞克公司（Generac Company）的创始人。退休后，他卖掉了公司，用部分收益创建了科恩家族基金会，该基金会旨在帮助工程类院校将"创业思维"引入到工程类学科中。科恩基金会有计划地为工程师开发创新和创业相关的课程进行拨款，这些课程经常座无虚席。我也曾是该基金会的首席研究员（项目负责人，Principal Investigator PI）。如果将这些努力视为连续的统一体，那么乔布斯倾向以客户为本的理念无疑是一个终极目标。

这是真的吗？可行性分析的作用

项目（产品）是真的吗？我们该做吗？现在是合适的时机吗？我们准备好了吗？关于不确定性，这些问题合理吗？对是否向给定项目投入资源（包括人力和财力）的评估合理吗？

答案当然是"视情况而定"，许多明智的决定都是根据直觉以及"我们一直都是这么做的！"这一惯性思维而来的。如今全球竞争愈发激烈，技术生命周期也越来越短，这也许是一个信号，让直觉和方法的钟摆偏向有序的评估流程。

可行性分析中的最佳方案分为两大类。第一类方案是衡量时机，以市场规模、竞争力、技术现状和消费趋势来表示。第二类方案是关注组织或项目在给定领域中投资和竞争的准备情况。已有的衡量标准包括资产负债表中的现金和流动性比率，可用人才和技术人才，以及可用空间和资本投资等大量资本指标。

规范的可行性分析的最大好处是赋予初创组织放弃项目的能力或进

入项目动态持有模式,这种模式给进行商业化提供了得天独厚的条件。

可行性分析的问题将在第五章中做进一步研究。

上市

显然,市场营销和收集上市所需的资源是专业人士擅长的领域。从另一个维度看,上市需要具备战略性的决策,这也决定了商业化的道路。这些决策决定了哪个渠道最适合给定项目。如同各种围绕着想法来源的争议一样,固守单一的渠道会左右你的思考过程甚至会带来不利影响,同样地,在选择进入市场的策略上自欺欺人也是极其不利的。

通过创立新公司进入市场尚且是个不错的方向,创业总是很有吸引力的。不管怎样,初创公司本身的魅力连同股票上行潜力带来的兴奋感,足以吸引人们做出这一抉择。然而,很难想象一家初创公司即使面临各种风险和企业活力不足的问题,还可以成为开拓市场的最佳平台。正如模型所示,在许可、合资和特许经营方面,你需要考虑一些稳健的方案,每一种方案都有积极和消极的作用。

市场营销是一扇双向信息的传送门——信息从组织流出又返回组织。市场营销的传统领域是广告、定价、促销和贸易展。而社交媒体和互联网加快了这些渠道的发展,其发展速度快到令人不可思议。不幸的是,在许多公司中,这些传统功能与销售功能混淆在一起,管理层需要担起责任仔细界定这两者。除了这些传统的对外信息,市场营销成为获取竞争信息的关键战略生命线,它的反馈有助于改进后期的产品,同时也是市场和消费趋势的总风向标,有头脑的CEO或高管会依赖反馈和信息进行营销,本书在第七章也会探讨上市的选择。

项目规划

或许早在埃及金字塔建造之初,就已经有了描述及绘制各种人类复杂活动的项目规划。近年来,人们对重大项目重新燃起了兴趣,例如把宇航员送上月球甚至火星。另外,建造大型建筑物或制造技术先进的飞机也要掌握周密的规划技术。

几个世纪以来,用于项目规划的决策工具、复杂的理念及其启动平台都已发生改变,如各类计算机驱动模型等。总的来说,这些衡量决策方案和绩效指标的工具可以分为两类,分别为PERT图和甘特图。

早期的决策工具之一是计划估评法(Program Evaluation Review Technique,PERT),由美国海军创建,用来管理复杂的北极星潜艇项目。该工具以一系列节点和向量表示任务和完成任务所需的时间,如图2-3所示。

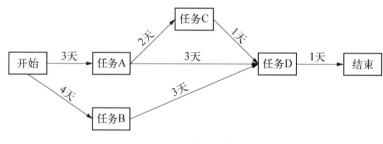

图2-3 PERT样图

如图2-3所示,在一个假定项目的时间轴上,有两个选择以及它们可能产生的影响。这些选择将消耗额外的人力、物力和财力。PERT图的逻辑是给予项目足够的时间,以便资源可以"赶上"整个时间线的速度。图虽然简单,但它还适用于一些复杂的问题,如潜艇或武器的设计和应用等。这些模型需要强大的计算能力来发挥它们的全部功能。该图示带来的效益远远超过了实施的成本。

PERT图有条理地描绘了任务实施的过程,更重要的是显示了任务之间的相互影响,从而可以预测项目的整体完成情况。

与此同时,PERT推出了商业版,商业版模型被称为关键路径法(Critical Path Method,CPM)。使用这些技巧所产生的结果难以确定,而且这些技巧本身用起来也非常复杂。但PERT图的生命周期已经按照美国海军的规定延长,这一规定也被采购供应商采用。

在20世纪初,一位名叫亨利·甘特(Henry Gantt)的发明家发明了一个条形图版本的项目规划工具。它基于时间制图，显示完成任务的时间以及各项任务之间的相关性与独立性。另外，还有一个预算追踪元素会对任务进行货币量化。与 PERT 图不同，甘特图因其易于使用和图示简明而成为一种实用的工具（见图 2-4）。

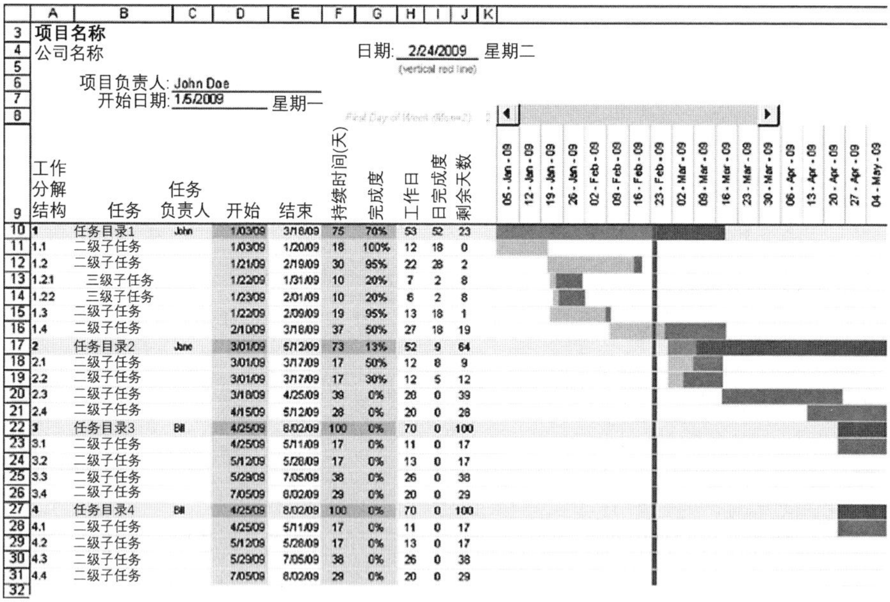

工作分解结构	任务	任务负责人	开始	结束	持续时间(天)	完成度	工作日	日完成度	剩余天数
1	任务目录1	John	1/03/09	3/18/09	75	70%	53	52	23
1.1	二级子任务		1/03/09	1/20/09	18	100%	12	18	0
1.2	二级子任务		1/21/09	2/19/09	30	95%	22	28	2
1.2.1	三级子任务		1/22/09	1/31/09	10	20%	7	2	8
1.2.2	三级子任务		1/23/09	2/01/09	10	20%	6	2	8
1.3	二级子任务		1/22/09	2/09/09	19	95%	13	18	1
1.4	二级子任务		2/10/09	3/18/09	37	50%	27	18	19
2	任务目录2	Jane	3/01/09	5/12/09	73	13%	52	9	64
2.1	二级子任务		3/01/09	3/17/09	17	50%	12	8	9
2.2	二级子任务		3/01/09	3/17/09	17	30%	12	5	12
2.3	二级子任务		3/18/09	4/25/09	39	0%	28	0	39
2.4	二级子任务		4/15/09	5/12/09	28	0%	20	0	28
3	任务目录3	Bill	4/25/09	8/02/09	100	0%	70	0	100
3.1	二级子任务		4/25/09	5/11/09	17	0%	11	0	17
3.2	二级子任务		5/12/09	5/28/09	17	0%	13	0	17
3.3	二级子任务		5/29/09	7/05/09	38	0%	26	0	38
3.4	二级子任务		7/05/09	8/02/09	29	0%	20	0	29
4	任务目录4	Bill	4/25/09	8/02/09	100	0%	70	0	100
4.1	二级子任务		4/25/09	5/11/09	17	0%	11	0	17
4.2	二级子任务		5/12/09	5/28/09	17	0%	13	0	17
4.3	二级子任务		5/29/09	7/05/09	38	0%	26	0	38
4.4	二级子任务		7/05/09	8/02/09	29	0%	20	0	29

图 2-4　甘特图示例

随着计算机和云技术的普及，项目规划工具的演变出现了进一步的转折，这些工具允许在多个参与者之间实时协作。LightHouse、SpringLamp、Jumpchart、Basecamp 以及现在的微软办公自动化软件都提供了线上甘特图。

绩效的衡量包括时间的量化统计和资本利用率。关于资本利用率，有一个例子叫净现值（Net Present Value，NPV）。NPV 是一个公式，用户可以将各种时间轴转换为以美元为单位的当前时间价值。它适用于利率和资金成本等条件波动不太频繁的稳定项目。随着项目资金分配的普及，我们可以比较多个项目的绩效以及更好地评估哪个项目最经济适用。在第六章，我们将探讨规划的重要性及其在分配资源时的作用，从而确保成功实现商业化。

这和商业化有关吗？（总结）

商业化流程的"模型"可以提高项目的成功率，但前提是要遵循商业化流程。至少该模型考虑到了资源的有序分配，并建立了监测进展的衡量标准，从而有助于实现商业化。

但该模型是绝对的吗？它会提供流程范本吗？会适用于所有项目吗？答案当然是否定的。然而，模型确实给人员、空间和资本这三者之间的合作及协调提供了一种工具。模型的主要优点在于，当参与者们设想多个步骤、技能要求和共同目标时，模型能够实现他们之间的对话交流。

1972年，我有机会参加了由麻省理工学院风险论坛主办的专题研讨会，会议是关于风险投资对创新企业的作用的。我碰巧坐在现在已故的鲍勃·诺伊斯（Bob Noyce）旁边，他是英特尔的创始人之一，毕业于麻省理工学院。当时，这家具有开创意义的芯片制造公司正处于起步阶段。见面时，我问他，如果在我们见面时他就知道后来的情况，他还会不会创办这家公司。他立刻回答说："当然不会，当时最宝贵的财富是无知者无畏。那时我们懵懂无知，不清楚什么能做，什么不能做。"

在商业化的各个步骤中存在着不同程度的不确定性。有序的流程有一个明显的优势，即可以用有逻辑和可重复的方式来量化流程中的不确定性和各种假设，仅这一点就可以使错综复杂、充满未知的系统变得井然有序。商业化模型的发展需要一定程度的创造性革新和直觉力，这也会带来风险。我们可能会因为要追求更为有序的流程而忽视这些因素。但是，正如你所看到的，规范的项目审查可以降低这种风险，因为它可以定期检查项目的进度和创造性，还可以调整以适应不断变化的外部条件。

商业化想法的来源： 足够吗？

眼光的局限性

在现实生活中,有大量的想法、项目甚至公司可以满足全球创新创业的需求,然而衡量就业、财政增长和财富分配的经济指标却落后于这些创新想法。在如何辨别那些可能的想法和机遇上,我们需要更广阔更动态的视角。接下来让我们来探讨一些发现机会的途径。

想法的来源

发现值得实现商业化的点子是创业过程中的关键,正如上一章所说,并非想法不够,相反,有众多可能的途径可以实现项目目标,这也是启动一个流程所必备的要素。流程图是为了确保考虑尽可能多的可行来源,使整个模型尽可能有效。

整理多种创新渠道,避免盲目重复利用单一的渠道至关重要。不断地积极寻找与给定项目最匹配的资源十分关键。在图 2-1 中,你会看到用于技术商业化的五组传统资源。这个清单并非包罗万象,而是列举了部分选择。

如第二章所述,在缺乏外部视觉参考的计量条件下(如在云层或航班繁忙的情况下飞行)有飞行资质的飞行员要遵循仪表飞行规则(IFR)。在资质认证的培训中，飞行员要学会使用六种主要设备来驾驶飞机，培训包括查看仪器获取信息的技能。如果动态扫描遭到破坏，飞行员将注意力集中在任意一台设备上，这就会导致飞机故障。

这与寻找商机的流程极其相似。过分执着于任何路径均可能诱发失败，正如本项目早期的众多失败案例所示，执拗地坚守错误方向极易导致失败。

人们总会首先情不自禁地关注创新成果。创造力和基础理念的重要作用也常被一再强调。

但是，由于多种未知因素和风险，内部发明也许是一条最不可能通往成功的途径。这就是为什么图2-1通过关注多种资源，开始从观察现有的许可技术入手，阐释缘何现存许可的科技的内在优势会被简化以匹配实际应用所需。

许可证

要想将专利法作为一种机会来源，首先要理解专利法运作机制。政府通过颁布"专利证书"（或书面许可）为保护发明者创意的知识产权建立基础。发明人也可以对其版权的使用建立有限垄断。这一理论认为，发明的本质在初始阶段非常脆弱，需要一段时间才能实现社会价值。政府颁布专利证书可以降低风险，整体的经济利益和发明创造会受到激励。在专利保护的范围内，授权（许可）他人使用专利所保护的领域。当被授予专利的个人没有渠道或利益将其商业化时，这就成了一种发挥专利价值的强有力的手段。

在探讨许可证的价值前，最好先了解下专利证书的基础知识，这有助于理解许可证作为一种获得创意并商业化的策略的价值所在。

专利法

专利是联邦政府授予发明者追索某一有创造性发明的特定领域的专

有权。专利法规定，20年内（在美国）任何人不得侵犯或复制该专利中所声称的发明领域。在此期限内，该发明的使用权被垄断。

了解个人专利权的年限十分重要，近期发行的专利有更长远的市场潜力和收益，而到期债券则恰恰相反。对潜在投资机会进行尽职调查分析时发现，投资者在确定知识产权投资组合的财务价值时会考虑到这一点，他们会在计算中使用"年限时间轴"模型。

授权专利书的格式十分正式，其中包括发明摘要、正式构图、发明的领域及背景、关于专利权要求范围的详细说明。

传统观点认为，起草专利申请要由律师负责，这听起来很靠谱。这个特殊的专利是我在菲尼克斯公司（见附录A）的时候颁发给我的。请注意索赔部分的细节，就是这些细节包括了专利的要求。而且一些公开信息也值得关注，这是发明获得保障的一种折中方法。

颁发专利随之产生权利和义务。首先要考虑的是专利所提供的保护有多正式多广泛。如果权利要求过于宽泛，专利就很容易在申请过程中丧失新意且遭到拒绝。

知识产权保护的门槛是申请临时专利。它以非正式的方式撰写，为发明者提供充分的时间来建立进一步改善发明或想法的案例，同时声明了申请的日期（时间）。临时专利的有效期只有一年。它只是对一种想法的简单阐述，有时它会复制科学杂志的描述或其他非法律术语。临时专利明确了技术的可行性，对发明中仍有争议的部分进行论证，这也为正式的发明专利争取到足够的时间。申请临时专利的费用也不低，约为1 500—2 500美元，由律师提出申请，当然你自己申请临时专利可以花费更少。不过临时专利的弊端在于专利很容易被复制，原始想法很容易遭到篡改。

专利权取得正式手续的下一步是需要在一年内申请发明专利（如果申请的话）。发明专利申请的格式要求更为严谨，其更详尽地描述了专利权所能保护的范围。这也是一个更加精细和成本高昂的过程，你可能要为申请这类专利保护耗费25 000美元甚至更多。这一申请过程最好由专利注册代理人完成，申请过程可能会持续好几年。最终发布的是一份格式规范的文件,其中包括详细的图纸、专利知识产权的说明,更重要的是要有一份你所声明的发明领域的清单。

这份冗长枯燥的文件向社会公开了专利所记录的方方面面。一个好的律师能够给专利声明的细节和范围等方面增值,如果声明范围太狭隘或太广泛都会削弱该专利对知识产权领域的保护能力。

申请过程也在检验这个想法的新颖性(也就是说,之前不存在这方面的技术或出版物)以及这个想法能否被该领域的有识之士转化为现实。专利一旦被批准,官方会发布专利号,专利号对考察商业周期至关重要。传统意义上,专利集中于基础发明。如今,专利申请领域涵盖生物技术、软件,甚至包括人类基因组的各个方面,这些领域指引的未来和影响尚未可知。

众所周知,专利必须得到保护。他人若侵犯专利书中所声明的领域,将首先会被予以警告。如果不服从且没有停止违规操作或侵权行为,将通过法庭解决纠纷。这有点像不动产的征用权法,如果你允许他人横穿自己的土地而不予以反抗,你就无法否认这种侵权行为,对侵权行为不提出抗辩甚至可能会导致专利失效。按照专利法规定,受保护方每年须向政府支付维护服务费。

到目前为止介绍的都只是美国的情况,但我们所处的世界,处处充满竞争和合作,因而在国际层面上建立专利权很有必要。1970年,一场全球性的会议在巴黎召开,会议允许在多个国家交叉申请专利。会议起草了《专利合作条约》(Patent Cooperation Treaty,PCT),为世界各地彼此申报专利制定了规则和程序。该文件现由位于瑞士日内瓦的世界知识产权组织(World Intellectual Property Organization,WIPO)管理。条约规定,允许个体在未来业务可能拓展的国家范围内进行交叉申请,专利可在18个月内进行修订以涵盖更多国家。条约规定下的申请费高达10万美元,此外每个国家还要收取额外的后续维护费。

知识产权一旦得到保护,关于申请策略和将其作为资产的讨论就会由此衍生开来。有些公司将申请专利保护作为一种防御策略,并积累了大量的投资组合。其他公司则只在事关特定应用时进行申请保护,从而进行精益投资,目前还未出现一个通用的策略。

人们希望建立一个良好有序的全球体系来保护想法,遗憾的是,商界并没有朝着这个方向发展。然而,在专利意识尚处完善阶段的国家,个人和企业仍会无视美国和欧洲专利法的正当程序,在全球范围内挑战(侵犯)知识产权的有效性,这一现象司空见惯。

专利不限于刚才描述的实用发明的专利,在设计和天然植物领域中还有其他涉及面广的知识产权保护的专利类别,这些有特定的专利格式。此外,商标和著作权这两种专利的变体类别在一段时间内也将被制定出来。

专利所有权的备选方案

在专利法的保护之下,还有另一种备选方案可以鼓励发明。发明者及其所在组织可以利用这一战略性方案,将技术(或想法)视为内部机密,这个概念被称为**专有信息**。专利申请过程中的弊端在于,需要公开透露发明的工作原理,接受公众监督,而将想法当作专有信息进行保护时则可避免。

由于信息的机密性,这种备选方案需要严格的内部纪律,否则会存在出错的可能性。以即时成像先驱宝丽来公司(Polaroid Corporation)为例,该公司在图片打包方面,以独特的方式利用专有信息进行化学处理。

该公司由居住在马萨诸塞州坎布里奇的科学家埃德温·兰德(Edwin Land)博士创立,在其巅峰时期,宝丽来研发实验室的员工多达1.6万名。其中,仅三名值得信赖的员工了解整个化学过程,而其余员工负责研究零件,这一比例着实令人震惊!

由于专有信息应用的机密性,其使用规模尚未完备地记录在案。

知识产权与创新成果商业化

1980年,美国国会通过了《拜杜法案》,由于该法案允许那些接受联邦研究资助的高校"拥有"资助研究产生的知识产权（IP），这些大学以此方式从该法案的许可费所带来的收入中获得收益。因此，这项法案意义重大。政府可以从资助的研发商业化中受益，而高校也有了新的收入来源，所以这项法案被认为是双赢的立法。对于那些寻找创造性想法的人来说，该法案确实是获得创新想法的新源泉。

作为回应，高校建立了技术许可办公室（TLOs）以促进用户访问研究。技术许可办公室已经成为一项大生意，年收入达数亿美元。光麻省理工学院的技术许可办公室就超过了20名专业人员，这意味着什么呢？简而言之，该机构加速了科学向市场的流动，曾经封闭在高校实验室里的学术研究有了极具竞争力的经济效益。

当然，专利法保护的影响并不局限于高校，还包括发明者和企业。在企业中，专利具有额外的战略价值，即所谓的**内部许可**。也就是说，专利所有者可以授权他人使用技术。有了内部许可，与其他授权的知识产权专利整合，产生综合效应，可以取得商业成功。新的创新想法可能需要其他技术共同促成，想法往往也是企业合作和合资的基础。在早期风险投资中，资助者评估专利组合的实力，并将其作为估算的一个因素。在某些情况下，内部许可可以促使处在早期阶段的公司迅速启动商业计划。

马萨诸塞州牛顿市的菲尼克斯公司便是一个典型案例，这是我合作创立的公司。为了加快上市，麻省理工学院授权我们一项核心技术，我们才得以在公司第一年开始向有限的客户群销售产品，但是我们尚未制定完备系统的方法来应对未来几年的销售。另外，内部研发团队需要几年时间才能有效地开发自己的产品解决方案。矛盾的是，10年后，《财富》500强公司清算该公司的股权时发现，早期授权的内部技术对该公司累积收入的贡献还不到5%，而公司的快速起步对市场准入和品牌认知的价值是不可估量的。

说明： 在某些情况下，授权他人使用现有的技术有助于更快地将产品推向市场。

就高校许可的技术而言,技术研发通常通过政府资助,由世界一流的研究团队完成,这的确是件好事。然而,有些人认为,如果研发是在公司内部的实验室完成,研发人员会更加专注且能有效防止专有信息泄露,这场外部与内部的争论是一个持续的动态过程。研究实验室的管理者不愿放弃资源,而产品开发人员则迫切希望将创新想法推向市场,这时,特定项目的战略决策可以化解这场争论。

专利授权有不足之处吗?答案是肯定的,一个明显的不足就是专利发明的理论及其付诸实践的方法要对外公示。也有人会认为,有竞争力的发明者可以由此看到授权发明的不足之处,并想出更好的解决方案,这就变成了一种风险与回报的战略态势。

此外,研究(及其误差)的学习曲线是由开发团队一手掌握的,这种知识点在开发后续产品时至关重要。

另一个重要的考察因素是专利许可的制定/购买决策成本。一方面,企业对研究的资助是一笔巨大的开支,这种备选方案越来越不受推崇。另一方面,许可费也很高昂,除了不断缴纳的专利权税外(从总毛利率中抽取一定比例的费用),还必须考虑到预付款项和罚款,这些费用将直接计入公司的资产负债表和损益表中。这时最好给会计准备好防护眼罩,削好铅笔!因为成本/收益必须要仔细计算,最好在协商许可协议时就算好。

现有一个组织负责收集高校和研究机构的知识产权运营数据和最佳案例,即大学技术经理协会(Association of University Technology Managers,AUTM)。该组织每年对其成员进行一次调查,并在年度报告中公布调查的汇总数据。在2013财年年报中,该组织指出:

(1)推出商业新产品719项。

(2)授权许可证5 198个。

(3)执行期权1 356个。

(4)已授权的许可证含股权和财政性费用469个。

(5)有效许可证和期权43 295个。

(6)高校颁发许可证并成立新公司818家,其中611家公司的主要营业地点设在许可证颁发机构所在的国家。

(7) 由高校授权成立的初创公司4 207家,截至2013财年年底仍在运营。

这条技术商业化路线是否适合某一特定项目尚待商榷,之后将继续讨论。无论途径如何,这一数据量尚且值得斟酌一番。

德国图宾根大学商学院的亚历山德拉·扎比(Alexandra Zaby)教授在其著作《专利决策》(*Decision to Patent*)(柏林施普林格出版公司,2010年)中详细分析了这一主题,并明确了决策的边际效用。扎比教授表示,这些信息的成本和公开可能会超过专利本身所带来的好处。

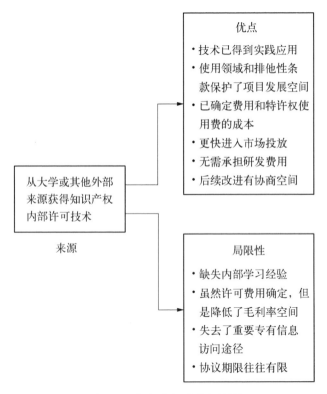

图3-1 知识产权的内部许可

知识产权的操作性问题

知识产权的获取途径确实值得关注,但这是获得商业化成功的正确途径吗?我们先来看一些基本问题:

（1）是否存在一种内在优势，如上市时机、市场份额、更广泛的产品供给等，作为获取专利权的基础？

（2）是否存在足够的定价边际，以维持额外的许可费和专利权税的财政负担？

（3）没有知识产权的情况下，是否有很大的风险会面临诉讼？律师们将此称为"运作自由"，并指出有必要分析在众多相互竞争的声明中，身边的知识产权是否过于成熟或脆弱，是否足以承担风险。

对新兴项目和新公司而言，专利许可是创新技术的动力之源。在大多数情况下，知识产权保护的技术开发不再受限于某时或某地。高校对于商业化想法的研究，也不再局限于学术界。在某些开发周期长且成本高昂的领域（如生物技术或纳米技术），将技术转移到诸如大型企业（大型制药公司）等新兴实体公司的想法极具吸引力，而内部研发又提供了另一种选择。如何将其转换成专利许可的想法，这一点值得关注。

研发：超越知识产权战略

企业内部研发为创新技术变革提供了循环往复且无坚不摧的动力源泉。在20世纪50年代，研发设备的设计奢华且前景广阔，先进的新型研究设施被授予建筑奖。这些实验室吸引了大量顶尖人才，公司年度报告中总要时不时提到这一点。

如今，许多曾经占主导地位的企业已不复存在。伯利恒钢铁公司的荷马研究实验室、美国无线电公司的萨尔诺夫实验室、美国电话电报公司的贝尔实验室和施乐公司的帕洛阿尔托研究中心等都曾是世界顶级研究设施的典范，但这些研究设施要么遭到拆除，要么早已关门大吉。这是怎么回事呢？此外，更重要的是，今天取代它们地位的趋势是什么？研发实验室是技术商业化的切实可行的资源吗？

根据博斯公司的《2014年全球创新1 000强报告》[①]，美国的研发支出

---

① www.booz.com/media/file/BoozCo_The-2012-Global-Innovation-1000-Media-Report.pdf.

总额为 6 370 亿美元。这个数字并不精确，其中包括政府研究机构（除去机密项目）和非营利性组织的支出。这个数字虽然看起来很大，但美国并不是世界上研发支出占 GDP 比例最大的国家。例如，根据巴特尔《2014年全球资金预测报告》，以色列的研发支出占 GDP 的 4.2%，而美国的这一比例仅为 2.6%。

关于研发支出还有一些其他的注意事项，包括：

（1）现在研发支出 11 年期年复增长率为 1.4%，而三年期的增长率为 9.5%（根据博斯公司的报告），数据明显下滑。

（2）计算机与电子设备、医疗卫生和汽车这三大产业在研发支出中占主导地位，这三个行业的研发支出占总支出的 65%（根据博斯公司的报告）。

（3）中国和印度人均研发支出的增长速度高于技术成熟的国家，两国加起来的年增长率为 27.2%，而其他所有国家的平均增长率仅为 9.6%（根据博斯公司的报告）。

（4）某些行业和公司的销售额和研发支出呈正相关，然而，近 10 年来，研发占销售额的比重呈不断下降趋势，现在该数据平均为 1.14%（根据博斯公司的报告）。

美国研发成果的数据相当难看，造成这种情况的一种可能性在于国家正在利用创新发展的这一备选方案，因此降低对传统研发功能的依赖。纵观全球，中国人均研发支出呈显著增长趋势。

2000 年 9 月，美国国家标准与技术研究所（National Institute of Standards and Technology，NIST）要求美国国家研究委员会组建一个委员会，以研究科学技术（S&T）、产业管理趋势，以及研发对技术创新引进的影响。研究结果发表在题为《未来的研发环境》这一报告中（美国国家科学院出版社，2001 年）。作为调查结果的一部分，委员会注意到，尚在进行中的研发环境正在加速变化。该组织还注意到，所有这些正在改变研究工作的性质——去中心化研究，相关研究已经开始在世界范围内开展开来，随之而来的新问题层出不穷，例如项目外包保密，随着生物和基因技术的发展，产品的使用周期也被大幅缩短。

在此期间，工业研究所在其《2013 年研发趋势预测报告》（R&D

Trends Forecast)中发现,授权费用和毕业生招聘数保持相对偏低但平稳的状态。

研发策略

综上所述,将研发视为商业化道路上创意和创新的来源至关重要。在所有引用的研究中,研发支出与收入之间的关系呈正相关。苹果公司、英特尔和3M等商业巨头的研发支出占收入的比例都处于较低的水平。梅赛德斯-奔驰和其他汽车公司曾处于榜单的中间位置,但它们现在转用新型技术,排名有所上升。

金融和投资专业人士在研究诸如市场营销和研发等功能领域的损益表支出时,创造了一个术语,叫作"比较个案"(简称"comps")。该术语是关于其他公司中市场相似或 SIC 行业的不同类别的支出。例如,Comps 认为,你如果想进入快速发展的电子行业,必须做好准备将公司收入的 8%—12%用于研发的准备,美国企业研发投入的平均水平接近 1%—2%,但是如果事情就这么简单的话,那企业只要增加投入金额就可以了。

安迪·格鲁夫(Andy Grove)是英特尔的创始人之一,该公司致力于生产计算机存储器和操作芯片。在电脑存储器和后来的处理器芯片生产领域一直是领头羊。安迪曾公开表示"成功使人骄傲,骄傲滋生失败"。哈佛商学院的泰德·莱维特(Ted Leavitt)教授曾汇总了哈佛商学院的经典案例,撰写了《营销短视》(*Marketing Myopia*)一书,他批评道,像铁路这样的基建行业,要明白"自己身处什么行业"。莱维特认为,铁路行业之所以亏损,是因为他们认为自己属于铁路行业,而不是运输行业。

从内部因素来看,公司需要清晰的企业文化和愿景规划来指导未来在研发和资本投入方面的资源配置。如今,监管问题、全球竞争力和有效的物质资源等新层面的限制条件,引导着研究发展在更具创新性的同时,也变得更加灵活和适应社会发展。

随着经济重心转向更多诸如生物技术、纳米技术、清洁技术等更多以科学和技术为基础的领域,内部研发的压力重新显现。以马萨诸塞州坎布里奇的肯戴尔广场为例,在这里,以晦涩的生物技术命名的公司如雨后春笋般涌现出来。当然,靠近麻省理工学院的研究实验室的确对此产生了一定冲击,但其中一些初创公司确实做得很好。诺华制药(Novartis)就是其中一例,该公司目前在马萨诸塞州大道坎布里奇的研究设施正在进行第三次大规模扩建。

学者们在支持和反对内部研发方面各持己见,瑞海德·沃格勒斯(Reinhilde Veugelers)在《研究政策》(Research Policy)上发表的一篇名为《内部研发支出和外部技术引入》的文章,其中考察了多个变量,如项目的规模、多样性以及外部采购对绩效的影响。他总结出,内部研发的真正优势就在于拥有"吸收能力",可通过内部研发和外部技术相互协作来接纳新想法。

2009年《哈佛商业评论》中一篇题为《默克(2009年):为创新而开放?》的文章,其作者艾丽西娅·霍巴祖斯基(Alicia Horbaczewski)和弗兰克·罗斯安拉梅(Frank Rothaeramel)不断探索默克公司的创新能力,通过加强高校、研究机构和其他公司的合作以保持竞争力。他们指出,默克的研发总支出仅占全球新兴发展领域支出的1%,而这些领域迅速浮现但又过于复杂,默克无法单独驰骋于该领域。

2007年3月,《经济学人》中一篇题为《走出布满灰尘的实验室》的文章追溯了企业研发实验室的发展,其中提到温诺华·布什(Vanover Bush)(富兰克林·罗斯福的科学顾问,后来的麻省理工学院校长)。他发表了一篇论文名为《科学,永无止境》,文中他设想政府资助的高校研究、企业实验室和军队之间的合作,如今这一切已经梦想成真。

二战后,大型研发实验室成了一种奢侈品,只有少数高利润公司(如IBM和RCA)才能负担得起。许多诸如晶体管和激光(AT&T)、鼠标和计算机图形界面(Xerox)的诺贝尔奖得主都来自这些实验室。随着信息技术的发展,人们不再需要大型垂直一体化的实验室。同一篇文章中还引用了谷歌创始人埃里克·施密特(Eric Schmidt)的话,"聪明人在山上"方法不再奏效,研究人员反而成为产品团队的智囊团来解决眼前的需求。

那些对研发部门吹毛求疵的老专家们曾说,诸如"非我所创,不为我用"(Not Invented Here，NIH)以及把想法"抛之脑后"的态度割裂了研究人员和创意之间的关系。(注意：IBM是个例外，那里的研究人员会把他们的想法付诸实践)

在《经济学人》的文章中，帕洛阿尔托研究所(Xerox-PARC)的前任主管约翰·希利·布郎(John Seely Brown)这样写道："我开始经营PARC的时候，以为99%的工作都是想出新点子，然后把它扔给木讷的市场营销人员，让他们去想如何营销这些新点子。现在我意识到，把想法变成现实需要同样多的创造力。我如果早点意识到这一点，我的生活将是另外一番模样。"

人们都想知道这些庞大陈旧的机构后来怎么样了——PARC已不复存在！或许企业研发部门很难成为抓住商业机会的领先选手。

研发：质疑可行性

以上所有因素导致组织研发出现了一系列问题。例如：

(1) 行业兼容的支出、专利数量、同行评审文章的数量、新产品的生产量等可衡量的研发指标，是否可以与所在领域的其他组织相提并论？

(2) 是否有证据表明研发功能是"为创新而开放"的，并具有利用内外部的想法来源的吸收能力？

(3) 在研发职责之内，市场营销和企业愿景是否存在紧密的工作组织联系？

(4) 研发职能是否满足企业对创新、新想法和市场竞争力的长期和短期需求？是否存在一种持续的研发资助模式可以超越利润和现金流的周期性趋势？

实现商业化还有更多选择，不仅仅是正式的研发和授权他人的创意，让我们继续寻找其他替代方案。

扩展产品和市场

市场营销和产品设计人员早就明白这一点——通过扩展产品和市场来

延长产品或服务设计生命周期的价值。在产品生命周期中(见图3-2),产品接受度或市场主导地位的下降趋势难以避免。这可能在于技术过时,竞争激烈或仅仅是想法过于新颖。曲线临终部分必然会下降,这一结果由好坏两方面的因素促成。

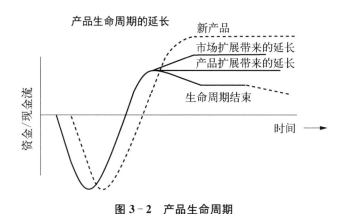

图3-2 产品生命周期

这一情况如果难以避免,还有其他截然不同的报废策略。例如,零售商定期清仓大甩卖,而那些什么都不做的公司面临损失的风险最大。这样做的有利之处在于,简单的技术经济效益中包含大规模的前端或加工成本,革新根本不划算。在缺乏灵活性或忽视变革需求(倦怠)等市场意识薄弱的情况下,就很有可能出现亏损情况。

无论哪种情况,若无人监管,产品都会惨遭滑铁卢。这个概念如果还不够清楚,还可以扩展到企业模式——有些组织变得无关紧要了。

那么能否延缓产品必然衰退的趋势以及降低增量变革的严重程度呢?当然可以。计算机芯片制造周期就是一个典型案例,一套工具即所谓的"模具"可以用来生产多层计算机芯片。据估计,其制造成本高达数十亿美元,这一设计的巧妙之处在于它能把一系列产品集成到一个芯片中。同时行业和市场条件决定何时能够及时地使产品获得新生机,从这个意义上说,这两个条件缓和了周期临终的现象。

耐用电器和汽车设计有时简单地换个金属片,摇身一变,就又成了"新"品,这些所谓的变革其实在产品或服务初始阶段就规划好了。

这一流程中的一个典型案例当属微软办公软件的演变，当然，这是一款老产品，Office 2013 的功能进行了六次革新才有了目前的产品，每个版本发布都提供了大量全面的新功能。而阴险的是，这些软件将不再支持使用早期的旧版本，从而确保对新版本和升级的需求。据估计，用户维护该软件最新版本的实际成本约为 1 000 美元。

微软产品给用户提供了数千个功能，但大多数用户只用到少数功能。微软还为新产品发布节省了数十亿美元的研究经费（还有难以计算的研发时间）。如今，该产品的主导地位正受到功能齐全的开放式软件的挑战。

工程师们创造了一个术语叫"功能蔓延"。对他们来说，在产品发展成熟时期，不断地为其添加功能，这件事特别具有吸引力。这既有助于产生额外的收入，就像增量式创新中的小"我"一样，同时也能从创新和改变产品环境的需求中获取资源。

问题并不局限于软件本身，索尼随身听就是个很有意思的例子。索尼随身听一开始就开创了我们听 CD 的方式，操作简单又耐用。随着产品不断发展成熟，它渐渐具备了"慢跑者防震""雨中防水"等功能，并添加了自动倒带功能，使其与众不同。在做这一切的同时，索尼却忽略了一个事实，即 CD 已经发展到顶峰时期，CD 相对于其他播放音乐的形式，其应用正在不断减少。

每一条创新之路都有其利弊，拓宽产品（和市场）会使我们能够权衡增量收益（和增量支出）与产品淘汰之间的关系，这种权衡还必须与延缓颠覆性创新变革的风险（一种重大风险）进行比较。某些创新想法也具有创收的性质，我们的策略应该是确保将它们纳入商业项目的可能来源。

一些质疑声：产品推广的精神食粮

当你看到有机会以某种方式延长产品生命周期时，请考虑以下几点：

（1）产品或公司生命周期预示着不可避免的生命终结，是否考虑过这一点？是否有管理这一流程的规划？是否有预期方案？

(2) 有没有方法可以将成熟的产品变为自己的优势？

(3) 产品设计是否包含了能够预期系列产品的"平台"理念？

(4) 市场周期是否与产品或服务周期一致？

(5) 提供的产品和服务能否产生足够的经济收益，或者是否逐渐递增？

合并与购买：并购的作用(M&As)

众所周知，风险投资源于20世纪60年代，乔治·多里奥（Georges Doriot）在他的风投基金——美国研究与发展公司（ARD）启动之时所采用的一种宣传模式。他大力宣扬进行谨慎的风险融资和"培育"新生公司的必要性，其理念是呼吁大型养老基金成为ARD的有限合伙人。这些基金性质保守，只保留少量高风险/高回报的投资，以提升其投资组合的业绩。风险投资基金模式很好地满足了这一需求。

风投概念基于风险投资基金，通过其投资组合公司的股本首次公开募股（IPO）进行投资清算。通过IPO，风投基金可获得最高回报率（高达10—20倍）。然而，IPO又依赖于发行新股来获得市场。这个市场随着证券交易所的表现而波动，且并非总能进行IPO发行。事实上，这是2008年经济衰退之后几年的市场趋势。

那么投资者清算投资的需求会发生什么变化呢？他们会转而采用另一种策略，即鼓励一家公司收购其投资组合中的另一家公司（收购），或者与另一家公司合并以换取股份（合并）。这两种选择都没有IPO的潜在回报，但仍然相当有吸引力。在这个类别中还有一种是战略销售，即市场或技术利益高度一致的情况下，溢价也是最高的。

并购的替代方案：问题

在考虑合并或收购时，请考虑以下问题的最佳答案：

(1) 除证券市价增值以外，并购交易是否有明确而具体的目标？

（2）是否有交易后执行的计划？（大多数并购交易在交易后如没有明确的计划就会土崩瓦解）

（3）并购交易改变了两家公司的资产负债表，此外，"新公司"的财政是否足够强大以维持公司发展？在所谓的"杠杆"收购中，这种价值耗损问题通常会通过借债得以缓解，而这对新实体公司有利吗？

（4）交易后最复杂的问题可能是后续组织的融合，从而筛除重复的工作，良好的规划可以缓解随之而来的大裁员。那么"新公司"是否有一个形式上的组织模型呢？

并购是一种明显可以促进经济增长和发展创新的战略，这一商业活动是新技术和市场发展的战略性选择。经济方面的考虑源于这样一种信念，即收购目标被低估时，反而收购时机更成熟。有时动机并非利他主义，可能是由自我或仅仅是傲慢驱使。投资者看到IPO疲软，会将并购视为变现投资的另一种替代方案。

发明/"其他部分"

这类可商业化想法的来源可能是最难定义的，在问题辨识、创造力和非理性思维这三者的交叉点上，存在能形成发明的点子。当人们想出有用的点子时，会有一个顿悟时刻。托马斯·爱迪生说过："总有办法做得更好……去找到它。"

在《像爱迪生一样创新》（*Innovate Like Edison*）一书中，作者迈克尔·盖尔布（Michael Gelb）和莎拉·米勒·考尔迪科特（Sarah Miller Caldicott）引用了爱迪生说过的话，其中包括：

（1）"我的人生哲理是揭示大自然的秘密，来造福人类。我认为，在我们的短暂一生中，最好的贡献莫过于此了。"

（2）"我从上一个人停下的地方开始。"

（3）"要进行发明创造，你需要丰富的想象力和一堆看似无用的东西。"

（4）"想出一个好主意，多想想。"

爱迪生进一步提出了发明的另外五项能力,其中包括:

(1) 以解决方法为中心的思维模式。

(2) 丰富的想象力。

(3) 全面参与。

(4) 策划合作能力。

(5) 超价值创造力。

关于爱迪生的思想,文献中有很多重要阐释。建议将其编入法典并内化为具体规章的提议引起了广泛关注。当然,各组织应该学会利用这些思想。发明家常被刻画成独行侠和修补匠的形象,但这种以偏概全的、笼统的描述无助于我们将发明家视为一个群体,也无法让你深入了解如何接纳、扩展和利用他们的技能和创造力。

有许多组织可以帮助那些愿意参加团体活动的发明家,例如,在马萨诸塞州的斯普林菲尔德,就有一个名为"创新资源网络"的组织[①]。他们每月在当地一所技术学校会面,讨论的话题范围广泛,从专利保护到制造原型的新工艺流程。这是一支非常实用和讲究战术的队伍,该组织的成员资格和轮班会议不对外开放。

有一些国家级组织旨在帮助有经验的或者刚刚起步的发明者。美国专利商标局(PTO)负责运作的"美国国家发明家名人堂"位于弗吉尼亚州亚历山德里亚市,这里展示了许多启发和激励发明的想法和项目。该组织赞助会议和研讨会,并提供信息资源,他们还赞助举办夏令营来帮助年轻的发明家提升能力。

培养发明过程

从联邦激励计划到州级的援助,从发明孵化基地到私人激励团体,发明者拥有大量的空间资源和导师支持。发明被视为一个重要经济体的命脉,也是提高国家竞争力的源泉。在创新遭到压制的社会里,国家缺乏竞

---

① www.irnetwork.org/.

争力,经济上也难以为继。

发明本身就是一种创造性因素,发明是以艺术形式呈现创造力。发明不同于本节和许多当前的文章讨论的创新技能。发明过程中至少要有一个要素,即发明家需要独处的要素,或至少与传统的组织结构保持距离。

我在马萨诸塞州米尔福德的沃特斯联合公司(Waters Associates)工作时,认识了一个非常有创造力的人,他在很多方面都是新产品开发过程中的颠覆性因素。他对每一步都会提出质疑,并在最后一刻心血来潮地做出改变。用孩子们的话说,他大胆改变核心业务模式的勇气简直是"了不起"!两者冲突的最终解决办法是在距离中心工厂5英里的地方建立一个"臭鼬工厂",那里配备了机床、小型实验室以及足够的空间来创造新一代发明。一方面,这是成本高昂的且组织结构混乱的解决方案,但另一方面,这也促进了创造进程蓬勃发展。

发明家和工程师迪恩·卡门(Dean Kamen)则走得更远,他认为,创造过程植根于早期教育时期。他说自己当年不是一个好学生,总是想为考试题发明答案,而这种答案当然不会是正确答案,纯粹是为了彰显自己很有创意,他的答案当然也被判为"错的"。他曾就读于伍斯特理工学院,但还未毕业就辍学了,之后他继续开发数字输液泵以控制静脉注射,后来发明了赛格威运输车。

除了这些主要的创新成果外,他还专注于早期教育,并创建了名为"第一竞赛"(First Competition)的高校与行业合作的项目,以培养学生对工程和科学的好奇心。这一项目展示了机器人团队对给定问题所做的陈述提供解决方案,对象主要集中于高中生,项目吸引了成千上万的学生和行业合作者来参加年度比赛。

企业模式和发明培育之间存在着内在的冲突。在企业模式中,对于按时、在预算范围内并以有序的方式完成项目的有激励措施。而创造性的发明需要的恰恰相反。在一些公司,比如谷歌,给员工20%的时间来创新和创造。他们是在一个结构严谨的环境中做到这一点的,这个环境基于八个"创新支柱"。这里允许失败,提供讨论空间、公开的账面数据以及广布公司内的动态共享信息系统①。

在整个公司体系中,权力下放给员工的企业文化无处不在。发明以及产品和服务升级的新想法通过多种方式产生。可行的商业理念不常有,因此学会留意它十分重要。"其他部分"是一种定位,代表在更形式化的发明过程中未被捕捉到的想法。为了正确看待发明,需要考虑以下几个问题:

(1) 围绕发明创造过程的文化是否受到鼓励和奖励?

(2) 是否存在对风险、打破陈规甚至模式变革的激励机制?

(3) 在鼓励创新的许多方面,谷歌无疑是个例外。在给定的组织中有什么具体的政策?你是否不得不鼓励变革和创新?

(4) 是否有方法来奖励变革推动者? 在一些公司,颁发的专利甚至也会被张贴在名人堂中。

发明和"其他"新想法会出现在创新创业的任何阶段。我们面临的挑战是要允许存在一种文化或环境来鼓励这种行为并减少风险因素。"其他"想法是众多想法中讨喜的那一类,它是自发的,并对那些可能"跳出框框"和反直觉的想法持开放态度,这些想法也可能很有价值。

创意的世界(总结)

我们所处的世界,许多想法可能来自无关联的多种渠道。要取得商业上的成功有不同的策略,可以并行使用,也可以组合使用。在多个场所和不同的阶段都会出现机会。本章总结的经验就是,我们必须对产生和追求各种想法的方式保持开放的态度。就像飞行员的扫描仪器一样,紧盯着其中任何一个通道都有可能失败。在接下来的章节中,你将会看到如何从多种创意来源中提炼出最有可能获得商业成功的创意。

---

① Google Think Insights in an article entitled "The Eight Pillars of Innovation" by Susan Wojcicki, July 2011.

第四章

学会挑选：机会识别的挑战

识别机会

在上一章中，我提出了一种流程模型，用于探索多种创意来源，然后将它们提炼为可能的机会，这些机会与它们所要服务环境的总体愿景相一致。我们可以将此过程设想为一个"漏斗"，通过此漏斗，各种创意想法被源源不断地注入到可能的候选项目上。

创意涌现的频率和规模取决于组织吸收它们的能力。"创意流"的重要性在于并非所有项目都会同样成功。因此，"创意流"的速度（即创意流的量和度）须考虑以下两点：为某些项目的失败留有余地；能最大限度地满足企业（或项目）对新商业想法的需求。它是一种概率模型，主要处理诸多能被随时加工的想法，但是它并不是一个绝对值。从一开始，重启创意流所需时间过长，思维无法及时归位，以至于难以使更新的项目及时派上用场。这种概率模型是一种连续的统一体，它将项目想法按照并行方式处理，而不是逐一评估机会的串行路径。

漏斗模型的一个重要方面，在于每个组织和实践领域都具有其自身的动态性。以生物技术为例，项目流程商业化所需的时间取决于外部机构和消费者的接受度，而且需要数年的审批流程和试验。另外，手机应用程序和社交媒体项目几乎可以即时进入市场。大多数漏斗模型需要不同项目的动态组合，以解决不同进度之间可能导致项目中断的问题。

正如一个项目在从创意的产生到将其转化为商业现实的整个"旅程"中,需通过一系列的决策"关卡"。之所以叫作"关卡",是因为向前发展的决策极其慎重,需要经历多个阶段(或关卡)。任一"关卡"都有可能凭借一致且合理的理由来否决一个商业化项目。否决与肯定有着同样的推动作用,因为它既可以终止不合时宜的项目,同时又能为可利用的宝贵资源留有余地。

在进一步探究"关卡"概念之前,让我们先回到上一步。因为创意践行者能判别所有可用机会的前景,所以在有潜力的项目还未开展之前,检验五花八门的想法大有裨益。"创意"就是如此,它是一个基于直觉、经验和感知需求的概念,或者只是一时的心血来潮,也可能是探索过程中的创造性结果,甚至还可能是对市场和可用产品的机会主义的研究。有时,它不仅需要好奇心驱动的"爱迪生主义"心态,还需要融合对创造的需求——对客户需求的敏感,抑或是对现有想法的融合。

使用全球定位系统(GPS)进行汽车导航就是一个例子。在有人决定将它应用于汽车仪表板之前,固定基座和手持的 GPS 在军事和工业应用中已经存在了很长一段时间。在大多数情况下,在 GPS 转为民用时就包含创造力元素或企业创新元素,使得发明家甚至可以在创意落地之前就能看到它的运用。

如何将想法转化为商业机会取决于项目或公司的思路,这也就是所谓的"机会识别"。瑞士苏黎世大学战略与经济研究院(ISU)的乌尔里希·凯撒(Ulrich Kaiser)教授开设了一门名为"创业入门"的课程,他将创意想法定义为一种可能不符合机会标准的思想、印象或是观念。他进一步表示,将想法转为机会是由商业、社会、技术和政治力量共同推动的,这些力量有助于确定产品或服务的边界。通常情况下,企业家或创业环境也推动了这一转变。

实际上,当你决定将想法转化为项目时,不必过于纠结。在定义有关公司(或项目)前景内容等文件时,可以分离和捕获思维过程中的许多元素。这些元素可以作为可衡量的简单指标来使用,比如投资回报率(ROI)。

这些指标不仅有助于下一步的决策,还有助于在多个项目之间实现资源配置。这些衡量标准既可以是绝对的,也可以是相对的。

机会识别——第一道关卡

由于本章的总体目标旨在提供商业化的框架(或模型),因此我建议可以着眼于这一系列的步骤(或关卡)。该模型规定只有通过上面每一道关卡后,才能顺利进入到下一个。

第一道关卡旨在确保一定数量的可行项目被提炼至"下一步",这需要考虑两个要素。首先,明确和理解决策环境的总体目标或愿景。愿景或目标若缺乏凝聚力,那么就很难做出与该愿景相一致的决策。而且在实际操作中,也很难向项目的执行团队清楚地表达项目的愿景。其次,通过这一关卡还需要一个流程,确保能有序地将可接受的想法整理出来,但这有点棘手。一个组织的生存空间取决于其愿景、成员、技术能力、可用资源以及参与商业活动的市场。多数情况下,这些变量被用来定义收入、利润或市场份额,对新机会的需求。此过程必须足够及时以便组织有能力吸收这些特性。

以制药行业为例,其行业特点是开发周期长、研究费用高,过分倾向于利用许可技术。诸如发明、合资和合作等可替代策略却成了次要策略。用一个更加均衡的视角可以更好地发挥它们的作用。

蒸馏法

物理化学家有个好的工具,对具有相对挥发性的不同化合物成分,施加能量来分解化合物,这一过程被称为"蒸馏"。以这个化学模型为例,来了解如何将多众多想法归纳为可用的项目。

对于将所有想法浓缩为可用项目的过程,有许多模型可以说明这一过程是如何工作的。与那些不允许量化的模型相比,在备选方案之间提供允许量化和明确解决方案的模型更为有效。

本章中使用的模型是基于我与伍斯特理工学院的马克·班克斯（Mac Banks）的一个合作项目，这个项目名为"企业家多重机会分析工具开发和应用"，由我的学生林奇负责[①]。（WPI-MQP，2009年4月）

林奇的动机与我们现在所做的有点不同。因为他作为一名大四学生，开发模型的初衷是要从所面临的众多迥然不同的择业机会中选择一个最好的。他试图找出一种方法，一种他所追求的最佳选择，这是一项由多个部分组成的复杂任务。而且文献显示，只有极少的工具有足够的分辨率，能够发挥作用。他采用了加权平均法，接下来将对其进行阐述，如图4-1所示。

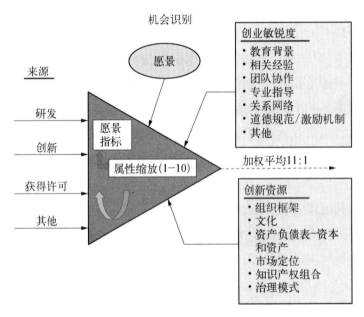

图4-1 机会识别模型

首先，该模型从图4-1中所示的项目愿景或目标的数字量化开始。接着，该试图根据这些目标来"权衡"愿景的要素。例如，如果组织的愿景是成为高技术性、低成本的市场领导者，那么这些参数的归因得分就会更高。参与评估量化过程的决策时，个人与各方团体展开的对话内容可以

[①] http://www.wpi.edu/pubs/E-project/Available/E-project-050509-091115/unrestricted/tjl-MQP-MOpA-Too1-D09.pdf.

是包含丰富的信息量。尤其是较早披露结盟和协议时，需要花费时间和精力来处理异议。仅凭一份简易的纸质文件难以传达其内容，对话才是其中有意义的部分。在这一模型中，归因得分可以在项目期间进行调整，以反映不断变化的条件（如市场）或公司战略的变化。

一旦建立了项目愿景参数，这些参数将受到功能度量矩阵的影响，例如技术、财务、运营、风险和市场。这在图4-1中被标记为愿景指标，这些指标将成为加权计算的乘数。林奇的模型利用10个功能板块进行分析，以每个主体或板块为基础，对这些板块内的优缺点设置了10个问题的问卷调查。例如，在技术板块，他们可能会查询每个研发员工的专利披露数量。当核心业务依赖于技术时，这样的措施就显得尤为重要。生物技术或制药就是一个典例。在以零售为导向的项目中，通过在广告或市场激励（如折扣）上投入资金来获得市场份额颇占优势。

该模型的加权平均部分指的就是下一个步骤，即视觉指标乘以功能板块的分数。随后对评分进行排序和加权，从而发现应继续推进的项目。

图4-2展示了林奇模型的元素。其中包括：

（1）功能元素，在此案例中指的是技术，它可能是市场、竞争、金融等功能板块。

（2）乘数，从项目的愿景或目标声明中派生出的乘数。在基于技术的作用下，这个数字可能高达7—10。

（3）项目评分（一般是通过一系列相关问题以1—10分不等表示），在此模型中，我们试图从三种项目中区分出具有潜力的那一种。

（4）总评分，即乘数乘以分数的乘积效应得出的数字。

当这一过程被应用于整个功能领域并成倍增加时，就可以确定每个领域对整个项目的重要性，同时，加权平均价值指数也出现了。然后对各个项目进行排序，以明确哪些项目最符合总体愿景或目标。

参阅有关机会识别的文献后，可以从五个备选项目中选出一个较优模型，而林奇模型显示了十一分之一的分辨潜力，这着实是令人惊叹的性能。该模型的详细工作原理可以参阅WPI-MQP的文件。

技术问题样本(1—10)	项目1	项目2	项目3
公开专利数量	A1	A2	A3
博士人数	B1	B2	B3
成功项目的数量	C1	C2	C3
设施规模	D1	D2	D3
预算	E1	E2	E3
收益占比	F1	F2	F3
总评分			
乘数(加权因素)(1—10)	9	9	9
总体评分	225	400	150
等级	2	1	3

机会识别（一种要素的部分示例）
功能区域：
技术
（乘数 = 9）源自对愿景或目标的陈述

图4-2 机会识别模型样本

认识到模型可以区分可能的选择的确令人激动，但这个过程并非没有局限性。它依赖于目标的量化或用数字来表达愿景。那么乘数的使用是否有局限性呢？答案是肯定的。该模型有一个缺点，那就是若严格遵循愿景所制定的乘数规则，可能会错过直觉提供的"跳出条条框框"的颠覆性想法或机会主义想法。模型有多依赖分析和直觉，决策就有多受限。这时候，似乎更多地依赖有条理的规范性方法会产生更好的结果。

由于创新平台自身在内部存在不确定性，儿童玩具公司乐高（Lego）几乎错过了机器人产品的市场[①]。诸如统计法或"仪表盘"法这样的变通方法，可以仅凭判断或直觉在综合决策中允许有限的、经过筛选的直观机会存在，这可能会降低方法过于僵化的风险。关键是"直觉"或"本能感受"可以为新创意的发展创造重要的价值。在工作模型中综合利用这些决策，使想法更有序地流动，这是一种创造性的挑战。没有这些决策，可能

---

① Innovation at the Lego Group case study #382, Part B, 2008, Institute for Management Development, Lusanne, Switzerland.

就会错过新的、充满活力的机遇。以汽车行业为例,多年来,虽然车身每年都有一些琐碎的变化,如尾翼的增加和简单的金属板形状变化,这些变化取代了坚实的技术进步。难怪普锐斯会跳出底特律的思维定式。

多种漏斗模型

第二章就多种思想来源提出了开放性的论点,然后,诸如林奇这样的模型被作为一种工具,专注于将想法提炼成可用的机会。事实上,这是一种规范的筛选(或漏斗)方式,可以通过应用这种有序的方法来完成筛选。但是,用这些方法产生的项目数量是否足够?组织的能力是否足以使单一模型产生足够的机会?一个统一的模式可能是不够的。如果机会足够充分的话,它能否以适当的速度做到这一点呢?所有这些都引发了一系列有趣的问题:

(1)企业成功提供新产品或新服务的记录是否足够?简单来说,预期的"命中率"是多少?

(2)企业运作的市场是否足够有活力吸收新想法?市场份额是成功的主要标志吗?哪里有竞争力?竞争力有多大?

(3)外部力量是否要求变革(即监管部门、环境问题、公司和技术)?

(4)企业的定位及其资源的分配是否足够合理,以实现人员、资金或技术的多方准入?

展望

除了这些问题之外,高估或低估"漏斗"机会数量的风险是巨大的,因为这些机会数量是成功实现长期价值提升所必需的。这些数字有助于规范模型所需产品的规格和数量,甚至可能引发讨论——即可能需要多种模型来满足上级组织的运营需求。

低估市场对新产品和创新产品的需求往往意味着要与时间作斗争,如加班费的增加、联邦快递(FedEx)连夜运送零件和其他运营成本的增加，包括人们为赶工而精疲力尽的情况，都是影响进度的因素。因而没有理由不采用更为有序的流程，当然，这也可能会有损生产力和创新能力。如果利用收购来实现这些目标，就要腾出收购时间。

然而如果过于高估了市场对新产品的需求，在现有产品的金融生命周期效益实现之前引入产品或服务等问题，意味着无法实现该周期的全部经济投资回报。有时，加速淘汰现有产品，对市场来说是激进且有效的做法，但这种做法的长期价值是值得怀疑的。例如不断更新发布的微软操作系统，尽管这一策略有助于快速增加公司收入（和利润），但该公司也鼓励开发"开放"系统，如 Linux，因为用户对微软提供的许多更新感到失望。

我们高估或低估创新发展的速度都是有问题的，我们迫切地想知道，是否有一个资源配置和商业化的"最有效点"可以产生长期的价值和效果。当然有！

他们的标志是什么呢？提供线索的公司包括 3M 公司，其 100 年的企业文化鼓励组织内部创新。再如艾默生电气公司，有着严格的季度规定，在过去的 25 年间其增长率一直保持在 15%。两家公司的新产品和服务的重点，都是用于创造和维持产生所需结果的长期价值主张。显然，针对愿景提出的长期战略规划和对资源的精心分配，成为吸引投资和市场活力的明显激励措施。

在《迈克尔·波特：竞争与战略的基本指南》(*Understanding Michael Porter: The Essential Guide to Competition and Strategy*)（哈佛大学商学院出版社，2012 年）中，作者琼·马格塔（Joan Margetta）在第七章中提出了"将连续性作为促成因素"。她认可波特对好的策略和流程进行的五步测试，但她更关注于将连续性作为测试策略有效性的一方面。她把这种区分比作一次烹饪，区分好的策略和流程就好像炖菜，而不是炒菜，因为炖菜时，可以将配料的风味和精粹融入配方中。撇开类比不谈，作者接着提出了长期战略和过程的基本原理。其中包括：

（1）连续性强化了公司形象，使其能够建立品牌、声誉和客户关系。

（2）连续性有助于建立强大的供应链，从而使供应商和外部各方有时间开发最佳渠道。

（3）连续性提高了整个组织员工理解力并为整体战略做出贡献的概率。

当然，连续性和长期价值的提升并不意味着组织及其流程必须停滞不前。组织要拥有灵活且适应公司发展的创新想法，才能允许创新竞争力的存在，组织确实可以建立稳定的核心价值观，然后让这次组织成为创新蓬勃发展的平台。虽然连续性未必会有助于预测未来的趋势，但其固有的结构能力可以应对市场、技术和客户偏好的变化。

第一章和第二章聚焦在发现的整个流程上，以便对可能的想法进行有力和灵活的转化。它反复强调，对任何一个创新和新想法来源的短视都是不妥的。本章着眼于将这些想法筛选提炼为有用的想法来源，这些想法来源可以满足组织的能力和需求。在林奇的模型中，这种提炼过程被证明能够将想法区分为一个有序的过程，这个过程锚定在项目的核心愿景或想法，以及它们出现的组织环境里。管理多个机会漏斗对组织模式、资源能力的动态影响成为新的挑战。最后，我们回顾一下研究控制流程的总体指标，波特提出的长期价值主张和战略的连续性成为价格的控制因素。

现在你具备了合适的创新想法，并准备前进到另一个关键环节——测试该想法或项目是否有成功的可能性。下一步是第二道关卡，即"可行性分析"。

第五章
可行性分析

模型

在任何项目的生命周期中，都会有项目逻辑受到挑战的时刻。成功通过这一时刻（或称关卡）标志着可以进入下一个流程步骤，这一步骤被称为可行性分析。

尽管可行性分析很重要，但它充满着不确定性，因为为决策而收集的数据通常是不精确且相当初步的，工程师通常将这一点称为"封底"检查。以此类推，在将数据提交给公众审查之前，会计师会采用试算表形式的模型。

尽管如此，这一步骤经常会被忽略或以外包方式执行。跳过此步骤可能会影响整个项目的成功率，波士顿儿童医院（CHB）"智能奶瓶"项目说明了这样做的风险。

我曾是波士顿儿童医院技术转让办公室的顾问，在我就职之前，他们正在推进一个叫"智能瓶子"的项目。有些新生儿因发育不成熟，无法做到同时呼吸空气和吮吸液体，所以会存在营养不良或窒息的风险。目前的做法是让一名护士引导孩子同时做这两件事。该技术方案是一种包括水泵设计装置、奶嘴和智能电子设备共同组合的"智能奶瓶"，这确实行之有效。但每个"智能奶瓶"的成本约为 5 000 美元，研发耗费高达 100 多万美元。负责手动喂养的初级护士，其人工成本也增加了 100 美元。如果他们做过可行性检测,就会发现最终产品的价格比目前的做法贵 50 倍,而且这个价格超出了许多消费者的承受能力。

传统视角

在大多数可行性分析中,术语 TELOS 包含一系列广泛的因素,主要有技术、经济、法律、运营和规划(能力)。我认为这类因素可以分为三个领域,具体包括:

(1)消费者准备好了吗?是否有明确需求的消费者?我们是否有能够吸引他们不计成本购买的产品(或服务)和功能?

(2)我们准备好了吗?我们是否拥有安全的技术、产品、人员和信息来满足这些客户需求(和要求)?

(3)如果这两个条件都不能满足怎么办?

为了本章内容,该模型模拟了以下几种情况。除了提供"通过/不通过"选项外,还需要第三套备选方案,即"保留和放弃",接下来会进行详细阐述。

图 5-1 即可行性分析模型。

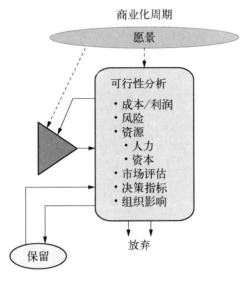

图 5-1　商业化周期,可行性分析

> **说明**：在进行规范的可行性分析之前，还需做一个大致评估，这是对商业决策功能区域的第一阶段评估。在实施过程中，由于粗略评估结果是在不确定数据的情况下做出的决策，因此其实施过程具有一定挑战性。本章提供了一种处理这种不确定性的方法。粗略评估很重要，但具体处理方法却很草率。接下来你会在一些案例研究中看到，它们太粗略了。本文将介绍这些案例及其产生的影响。

各类要素

在可行性分析阶段，必须考虑六大类要素，大致分为经济要素、技术要素、运行要素、风险要素、法律要素、战略要素。

何时开展可行性分析呢？虽然没有达成具体协议，但显然应该在投入大量资金和其他资源之前完成。

1. 经济要素

在此分析中，经济要素被置于较高的优先级。此类要素展现了基于有形产品的物料清单汇总的基础成本模型，以及基于服务的工作流程模型。这些工作流程中涉及的数据虽然都是估计值，但即使是第一阶段的评估也有助于确定下一步的可行性。

所需的材料通常主要考虑数量的多少，在已建立的组织中，标准成本模型有助于规范估算的准确性，人工要素也受益于标准成本模型。在当今世界全球化背景下，产品的制造和购买主要考虑以外包的方式进行。

同时，还有许多外部经济要素需要考虑，例如资金成本、投资回报率、以及资产负债表上定义的资本可用性，或是通过外部借贷能力，或是通过股权发行筹集资本。投资回报率是对投资实现收益的简单计算，公式如下：

$$投资回报率＝(收益－投资成本)÷投资成本$$

除了体现特定投资带来的收益外，投资回报率还可以比较各类投资之间的潜在收益。

综合考虑,这些要素决定了项目的前进方向。你需要在早期考虑资本支出(简称 CAPEX),因为它们通常还需要较长的准备期。例如,需要获得工厂产能和大型制造(或装卸)设备。

资金本身并不是检验可行性的决定性因素,而是要结合市场好坏、技术落后程度以及工厂和设备老化速度等因素,这样才有助于项目融资承诺合理化。

2. 技术要素

在新项目进展面临的所有问题中,技术贡献似乎最为引人注目。如今,技术应用的更新速度比以前的任何历史阶段都要快。从前以年为单位的产品生命周期现在以月为单位。如今,项目使用的工具和流程都非常容易获得。一个典型的例子是零件的快速原型制作,从历史上看,制作一个实物原型需要数月时间绘图,以及对金属和塑料进行手工精加工。而如今,快速原型机可以在数分钟内将 3D autoCAD(或 SolidWorks /"红蚂蚁"产品设计软件)级别的产品设计模型直接转换为零件。更重要的是,完成此任务所需的机器成本会有很大的下降。原来售价为 100 000 美元的机器,现在只需 1 000 美元,还可以放在电脑桌面上使用。这意味着几乎可以实时地创建想法或产品的运作模型。与其花费几个月的时间等待客户的反馈,还不如刚开始就向他们提供一种运作模型。甚至是绘制零件草图的工具也能随时进行 3D(以 AutoCAD、SolidWorks 等为商标)模型编码。

在电气和化学(材料)领域中也存在类似的快速呈现想法的能力。这能力可以在计算机上模拟电路和化学过程,并能在支出高昂费用(且耗费大量时间)之前"尝试"模拟结果。此外,也可以使用特定功能来制定一类新的"设计师"材料。如果这还不够令人惊叹,那么其实全球竞争的环境已经为制造商们提供了快速生产零部件的能力,来自中国的零件只要周转几天是很平常的事。这样的变革速度给市场和产品开发带来了新的挑战,因为这些变革可能发生在产品生命周期产生经济效益之前。

随着技术进步以及保护创新想法的兴起,知识产权的侵权问题日益凸显。在侵权问题出现之初,人们就制定了专利法来保护脆弱的初创企业,以此作为未来 20 年实现创意价值的平台。同时也采取了垄断措施来保护这类公司的发明成果。

随着新兴大国登上世界舞台,情况似乎又发生了改变。这些国家现在正努力为自己的知识产权保护奠定基础,并颁布相关国家政策来解决这一问题。

3. 运行要素

一个组织开展新项目的运行准备工作,取决于当前可行性结构满足初创企业需求的能力。运行准备可分为两大类:工厂/设备和人力资源。一般情况下都是"长周期"的项目,需要数月甚至数年的时间才能被公司收购和吸纳。运营问题包括工厂、设备、人员的能力,以及支持项目的资产负债表。

运行可行性的案例可能需要足够的计算机容量,从而来服务更多客户以及提供额外的在线功能,或者只是对运营需求做及时的反馈。

早在进行可行性分析时,人们常基于时间线来探讨将来可能出现的问题。常用的工具是甘特图(见图 2-4),该工具由亨利·甘特发明于 1910 年。甘特图要求任务要以规定的时间线来完成,还确定了决策之间的相互依赖性,并指出需要得到反馈的地方。除了用于规划之外,甘特图还能追踪项目执行期间所需的费用和薪酬情况。个人计算机的使用极大地提升了该工具的实用性,因为这样可以轻松处理更为复杂的模型。微软在其办公室软件中提供了一个名为"项目"的程序,该程序可以简化甘特图的开发过程。除此之外,也可以使用其他备选工具来完成这些任务。

尽管这些图表在项目管理中的实用性是毋庸置疑的,但是它需要通过识别和量化长周期项目来实现一系列重要任务,取得商业上的成功。这些通常属于资本支出的范畴,资本支出具有一定规模,并且交付期长。所用示例包括购买楼房、雇用人员和购买机床。即使在项目未完全获得授权之前,也要对项目的设计和实施做出承诺,这对项目的整体成功至关重要。

4. 风险要素

风险管理是现代商业企业的重要元素。详细探讨存在的风险（并提供缓解方案）是精心制定商业计划的标志。至少，他们认为对项目风险的管理应是经过深思熟虑的。人们也明白，从本质上讲缓解方案只是概率性的替代办法，可能根本不起作用。

> **说明：** 企业可能面临的最大风险是，无法解决难以预见的、不受欢迎的事件发生概率。培养解决风险的能力是良好管理的支柱。

例如，在某些金融领域，存在一系列已经报告的风险，证券交易委员会（SEC）要求无论哪种招股说明书中都要有一章内容写明主要风险。在以安全至上的行业中，也有一个要求，即划定适用的风险因素。会计事务所在其审计业务中会识别风险因素，从而保证企业"不断壮大"。在医疗和航空领域描述自身存在的风险问题至关重要。

第三方可以降低某些风险，例如，由于火灾或自然灾害（如洪水）造成的伤亡损失。保险公司基于精算模型划定理赔范围，并把风险作为基于保费评估的货币交易进行处理。其他风险类别（如客户合同的信誉度），由"良好"的业务进行管理。金融服务公司邓白氏（Dun & Bradstreet）开设了一些课程，帮助确定潜在债权人的资信。房地产抵押贷款发行人通常会查看潜在抵押贷款人的信用记录，并且也会把房地产的技术检查用于评估过程。

（1）法律风险。

有一些特定的风险属于这一类，让我们来看几个例子。

合同类，大多数商业交易都会受到普通法合同的约束。例如，与销售相关的条款通常包含在标准法律文书中，但受限于美国《统一商法典》（UCC）的规定。这些条款有时直接打印在采购订单或交易单的背面。风险受到严格的约束，但会因货品未交付或其他违约条款而遭受质疑。

内部合同（如雇佣和竞业禁止问题）也属于这一类。虽然本质上是例行公事，但仍存在某些细微差别。例如雇佣合同的遣散条款需要经过仔细协商。在更高层次的就业岗位上,董事会薪酬委员会为以上争议制定指导方针。

知识产权类,这一法律风险领域也是一个重要的战略领域。专利和版权文件的制作不仅涉及法律条款,而且对知识产权侵权的维护和辩护也成为项目外部风险的一个关键因素。有时,这类问题会挑战有版权保护的产品品牌形象。

管理类,现代公司的董事会对公司的股东和所有者承担明确的信托责任。随着《萨班斯-奥克斯利法案》(Sarbanes-Oxley Act)的出台,以及对董事会成员个人角色的关注,这也成为诉讼的一个领域。在该法律正式颁布之前,董事会成员可以以"不知情"为由搪塞。例如安然公司案,该案中使用非法的表外交易来掩盖损失和不法资产。这种以"不知情"为由的辩解已经站不住脚了。公司道德方面的问题也贯穿于公司的治理模式之中,董事保险和内部法律赔偿壁垒有助于降低风险,但是股东诉讼仍频频发生。

(2) 财务风险。

在所有风险领域中,管理财务风险跃居首位。虽然该项目研究了此漏洞的几种可能性,但资产负债表的弊端导致资金短缺,进而导致最大的失败风险。正如燃料耗尽的飞机,没有发动机推力的情况下,下降的负滑行坡产生了一个可预测的着陆,尽管这个着陆并非总是成功的。此外,还有一些更为普遍的金融风险形式,其中包括:

现金计划,在项目的最初几年里,可以以足够的精度来完成此操作。通过在公司或项目早期创建现金储备,可以减轻计划外的准备金波动。从传统来源(如天使投资公司或风险投资公司)获得注资是一个不错的选择。但因为来源的内部决策流程烦琐,注资可能会被推迟。超过银行贷款的约定额度可能会限制资金的供应,应收款来源的付款延迟或信用欠佳都会对公司的现金流产生负面影响。没有计划甚至是计划外的支出,例如加班费或联邦快递费用支出(而不是成本较低的替代方案)都可能导致资金不足。

有人认为,应在项目早期或公司成立之初就规范财务管理。显然,早期的新建组织很难优先考虑对正式会计或财务系统的需求。一个适当的备选方案是聘请一位兼职首席财务官(CFO)开展会计工作,同时也需参与外部财务决策,如协商投资资本注入和资本支出审议。

(3) 商业和市场风险。

商业风险主要来自影响销售交易的多种要素,这一过程中包含诸如品牌、包装、设计、定价和分销方式等营销要素。每一个要素都包含一定的风险。竞争压力会影响实际的采购决策,仅仅把这些要素归类为"竞争"过于简单,实际上远比此复杂。

20世纪90年代,米勒·黑曼公司(Miller Heiman Group)提出了"战略营销"概念。这一概念的核心是确定经过重要发言人(例如买方或采购专家,称为技术把关者、经济买方等)传递的多种购买影响要素。在采购讨论中,每种"类型"都有不同的目标对象。利用"蓝表书"格式,确定每一种影响要素,然后制定应对此影响的具体策略。很多时候,个人的影响是相互冲突的,因此需要销售来源来辅助阐释和管理。通过这样的过程,提高了成功率。重要的是,任何购买都是销售的延续,管理该过程属于销售管理的职能范围。

除了像米勒·黑曼公司一样,可以通过适当的组织资源分配和培训来实施,还有一系列超出公司模式的风险,例如新的突破性技术、新的竞争对手的出现、监管规定的变更等。当然,发生上述情况的可能性势必在管理范围内(并可能提供应急计划以降低这些风险)。

(4) 监管风险。

除了对基础行业实施的规则之外,变革监管条款所产生的影响更大。美国食品药物监督管理局(FDA)对药品的批准周期为5—10年,而这一过程对财务产生的影响几乎无法想象,当然,我们要直面这种快速的变革和创新。至少,这会给大公司的业务领域带来颠覆性变革。

监管问题渗透到现代商业的方方面面,你必须予以关注。无论是职业安全与健康管理局(OSHA)监管工作场所的安全性,还是《萨班斯-奥克斯利法案》制定董事会管理问题的标准,两者都包含变革的不确定性,因此也就包含着风险。管理领域有责任去整理并优先解决这些会影响未来绩效的问题。有趣的是,当《萨班斯-奥克斯利法案》颁布时,它实际上是为董事会提供评估和降低风险的模式。

监管的各个方面十分复杂,而且似乎总是处于不断变化之中。每个领域都有专家团体担任行业顾问,他们提供最新的信息以及从多个客户处广泛收集解决方案。

我们所处的世界充满了竞争,监管问题不一致甚至可能产生冲突。以汽车行业为例,诸如奔驰、宝马等高端品牌汽车,因为其前大灯、保险杠和挡风玻璃规格等不符合基本安全法规,所以无法出口到美国。但是这种不一致性也带来了机会,美国食品药品监督管理局是世界上最严格的药品监管机构,因此,一些公司只能在世界其他地方开发早期市场药品。美国是大多数产品的最大市场,因此,这些差异最终会在其标准上趋于正常化。

(5) 风险(总结)。

风险因素存在于商业和商业化的方方面面,抵消这些风险至少需要权衡收益或更大的上行潜力,这种潜力通常通过在组织股权中所投资金的净资产收益率(ROE)来衡量。对于像风险投资基金经理这样的专业投资者来说,10倍回报率通常是入门门槛。

因为任何一个正在进行的商业项目确实会直面各类风险,所以公司的管理人员有责任识别相关风险,并向潜在的投资者、员工和客户提供降低风险的方案,以此作为他们的收益、参与和交易的条件。

5. 其他要素:可行性分析的结果

成功的可行性分析应该在项目早期进行,其目的在于明确合适的项目,以便在商业化的道路上投入更多资源,这是在缺乏完整数据的不确定情况下做出的新决策。可行性分析还有其他优点,接下来将进行详细讨论。

(1) 终止项目。

相比既定愿景或项目目标,可行性分析可以明确地终止项目,以此节约资金并避免对市场做出错误的判断。最重要的是,你可以有序且规范地执行此操作。可行性分析有助于避免或至少减少一定程度的主观臆断,以及使用非事实信息。尽管这一步骤很直接,但仍是项目实施管理能力的主观性考验。

(2) 暂缓项目。

在理想的状态下,项目经过可行性分析的结果要么是可施行,要么则不可实行。事实上,这里面存在着不少歧义,其中一些是可以量化的。例如,一个项目可能包含由多个元件组成的电子电路。为了保证产品的整体性能,要求电路板满足一定的成本目标。在这种情况下,某些组件价格过高,但预计它们的成本会有所下降。所以在达到该目标成本之前,可以"暂缓"开展该项目。

所有这一切都附带责任,即获取在此过程中生成的遗留信息。那些被"暂缓"的项目在获取信息的过程中会遇到各种关卡(和产生费用)。"暂缓"不是放弃,而是对项目进行分类,这些项目要等到特定外部条件改善之后才能继续推进。项目的分类过程并非随意为之,还需要一份项目分类和设立目标的规范。

以不断改进的新电子组件项目为例,"暂缓"使他们的成本增高,并且可能会导致原本可行的项目因资金不足而难产。在这个案例中,应定期监控电子组件的价格,观察其价格何时下降,从而能重新考虑开展项目。把项目置于"暂缓"阶段并做上标记,在此期间追踪组件价格的变化能最大限度发挥"暂缓"阶段的作用。

在某些情况下,"暂缓"项目可以改变不少外部条件,例如监管、市场甚至是对公司愿景的完善,从而为项目的推进创造更有利的环境。随着时间的推移,此项目会成为统计数据,受到公司获批项目数量的影响,因而得到有力支持。"暂缓"阶段结束后的项目收益,结合"机会识别"阶段的收益,可用来衡量新项目架构的稳健性。最后,公司实体需依靠一系列新项目,使其在新产品和新服务中获得竞争力。相较于以前,较短的产品(和服务)周期以及全球竞争环境使得对渠道的动态管理比历史上任何时候都更为重要。

(3) 总结。

可行性分析不是一门新学科。早期的工匠、商人和工程师使用原始记事方式,例如在信封背面做备注,以及使用其他有限的工具来确定是否继续推进项目。此外,直觉也起到了重要的作用。现在,承担的风险要大得多,如技术变革速度、全球激烈竞争的因素,此外,互联网对错误的容忍度越来越小以及需要更快的反应能力。传统的TELOS方法似乎缓解了这一现状,但仍未能满足现在的要求。

  在本章中,我提出了一种新方法。该方法不仅要考虑公司的准备程度,市场(和客户)的准备程度和适用性,而且要考虑如何有序地终止项目和控制被"暂缓"的项目数量。若不直面这些困难,就会丢掉市场份额(税收也会随之增加),还可能浪费时间、人力、资本和公司声誉等宝贵资源。

  一旦决定要继续推进该项目,对于如何从战略上实现商业化的问题就会成为下一个需要迈过的关卡或门槛。

第六章
项目规划

决策的先决条件

所有组织都有项目规划吗？流程都正规且有效吗？这些问题为我们探讨规划流程奠定了基础。本章着眼于如何利用有效的步骤提高商业化项目的成功概率。

为了解这类情况，需要再探讨下飞行员及其驾驶飞机的复杂程度。早期的特技飞行员并非严格按照计划安排飞行。他们的人机界面非常完美，飞行员和飞行控制设备之间直接耦合，做出"竖大拇指"的手势就代表一切就绪。另外，波音787的首席飞行员正在利用复杂的计算机驱动数据，完成对全球各地气象信息的处理。前者是早前制造的飞机，只能飞行100英里（如果幸运的话），而后者能环球飞行，那么哪种型号最合适呢？

为何要制定规划？

"为何要制定规划？"最简单的回答是可以提高项目成功的概率，并保证减少损失和避免效率低下。在当前现代世界，全球竞争日益激烈，更新换代速度不断加快，我们一直致力于提高商业化的成功率。

不确定的项目和已改善的成果之间需要规划。正式程度、细节和深度还取决于项目所在组织环境的成熟度。无论项目计划的复杂程度如何,这一流程的首要优点是目标的内部沟通、组织的相互依赖性以及可衡量的结果。接下来让我们一起详细探讨,加深对这一流程的理解。

规划细节

经过深思熟虑的可行性分析,可以为如何最好地实现可行的商业化结果提供指导。但是,这也暴露了一些人在处理此问题时的一个共同缺点,那就是有组织推测市场上存在一条捷径,例如,在许多组织中,通过创办一家新公司来开发新想法是很常见的,但就风险和市场渗透力而言,这可能是最不可行的途径。

我们应不断检验多种备选方案,以确定最适合给定项目的途径。表6-1列出了部分方案。

表6-1 商业化备选途径

备选方案	特 点
初 创	可与母公司及其品牌分离,针对项目提供一个灵活的具体组织模型,风险是新团队和资本化模型具有不确定性
许可经营	提供了一条适合新技术的捷径。虽然要承担许可费用的财务支出,但也免去了研发和监管审批的成本
合资经营	综合考虑多种情况,这是一个很有吸引力的备选方案,因为它汲取了多个组织的优点。但是这种方案无法进行内部学习沟通,同时带来了因为融合两种不同文化而导致的风险
特许经营	通过收取相关费用和特许经营使用费,为备选项目提供资金。承担提供优质新产品以维持特许经营价值的责任
并 购	将项目出售给另一个实体公司。虽然可以带来即时的资金流动,但是会牺牲新产品的市场形象

尽管这只是部分清单,但却体现了每种途径都有不同的动力和责任,更不用说结果了。有些决策显然是针对特定行业的,以制药业为例,该行业长期以来一直倾向于内部研发和许可这一双重性。对此,我们该如何

做出决策呢?

决策

在流程中的这一阶段,有一些宽泛的指标可以用来控制决策。随着商业化进程的推进和多重信息的获取,这些指标可能会提供一个契机来回顾甚至追溯最初的流程。这类计划积极的一面是,对人力或财政资本的支出较少,其中一些在早期需要考虑的因素如下:

(1)企业愿景:显然,首先应该考虑赞助组织的文化和目标。当然也有例外情况。例如 IBM 的企业形象是只生产大型主机,但有 17 名不起眼的工程师和员工组成的小组却开发了今天家喻户晓的个人电脑。他们在佛罗里达州的博卡拉顿租了一个车库,从当地一家电子零件商店采购了据说是无线电器材公司的零件,随后展开工作,此轶事因许多失败的"反主流文化"项目而付之东流。

(2)行业惯例:相较于在计算机主机或科学硬件公司中工作的人而言,在快餐和零售行业工作的人们体验到的是另一种文化。那么能否忽略上述的约束呢?答案是肯定的。跨界产品和扰乱市场的现象时有发生,从最终成功的可能性来看,人们在思考到底能从中获取多少文化价值。

(3)人力资本:这可能是其中最关键也最常被忽略的因素。为成功实现项目目标,人们需尽早开展仔细的评估。因为这需要花费时间来找到并汲取所需的技能和经验,随后才能在市场中占主导地位。倘若内部人力资源部门不起作用,则可以聘请外部的专业公司。

(4)财务资源:对需求的仔细分析和对备选方案的审查都是必需的。在规模更大的公开交易实体中,有一些专业途径的备选资金,例如需要花费时间才能获得的公开发行的流动性。

(5)资本支出:购置资本设备和获得场地空间耗时多且需要仔细检查,这与资本的获取紧密相关。与之相关的"决定购买"计划,使其目前要从中国和其他远东国家进行采购。

深度探讨

随着规划过程中相关细节的展开,构建了一系列"信息层",从而构成了正式计划文件中的各个章节,其中包括:

(1) 项目目标:在商业化周期的多个步骤中,始终存在与公司总体愿景相关联的要素。

(2) 以有关机会识别的决策为例,公司的愿景陈述实际上是被量化的,并被用于加权功能评估,结果是产生高分辨率的"加权平均"。

(3) 假设公司愿景是衡量整体组织绩效的基础,那么将给定项目与这些愿景相结合可以增强整体绩效指标。鉴于此,有以下两个注意事项:

① 与公司愿景相关联的最大优点或许是确保与核心愿景流程的目标相匹配所需的沟通水平,这需要进行重要对话,并将项目目标与核心计划联系起来。同时也有很多其他优点,包括协调所需工作以确保为项目分配足够的资源,这允许项目团队成员触及组织的最高层级。

② 所有这一切都并非完美无缺,严格遵循公司的核心目标限制了颠覆性的大胆(创新)变革的动能,一些新产品和新市场的开拓都需要这一动能。这一点在代价高昂的技术创新领域表现得最为明显,技术创新领域的变革速度不断加快。有时,通过使用"仪表盘"方法来监测商定的可测量的干扰程度,可以显示允许偏离中心主题的情况。

(4) 概念定义:随着战略问题的协调和阐明,下一个重要步骤开始了,这便是定义具体问题的实际边界。其中一些内容包括团队定义、初始成本限制和预算、成本或收益论证、制定/购买决策、进度、可交付成果、风险因素和成功指标等。诸如软件规格说明书、详细的物料清单以及流程图之类的工具便成了无价之宝。

① 方法:项目规划的方法有很多,由正式程度和所需时间决定,财务建模等某些方面遵循这些特点来分组。在低风险且可预测的环境中,与其他任一建模工具一样,净现值是一款出色的财务建模工具,可用于计算未来资金的现值。

② 玛莎·阿姆拉姆(Martha Amram)在其所著的《价值扫荡：绘制跨资产增长》(*Value Sweep: Mapping Growth Across Assets*)一书中指出，内容复杂、形式多变的项目需采用决策树模型，用于比较其他备选的方法。决策树模型为管理层提供更及时的对比信息，这更有利于上级管理层做出决策。

(5) 目前正在使用的方法包括：

① 传统项目规划：对整个项目采用线性多步骤规划。

② 增量计划：顾名思义，此方法将项目分解成多个阶段，并按顺序交付。这降低了一次性交付所有项目内容的风险，也减少了因相关数据和假设发生不断变化而导致项目结果不准确的风险。

③ 迭代：项目可以及时吸收信息，推进项目的进程。当外部条件或内部团队发生变化时，容易忽视重点和紧迫感。

④ 适应性：允许项目随着时间的推移和信息质量的提高而改变。在这种情况下，需预先规划多个阶段的工作。

⑤ 极端性：各种利益相关者(例如客户和管理层)可以不断进行审查，这种情况下项目规划容易迷失方向，需要团队密切协作。

过与不及

上一节指出可以采用多层次的规划和工具，它们在审查的细节、范围和频率上各不相同。通常来说，这些多级别的规划和方法都集中于一组可交付的成果，这些可交付成果规划了给定项目的方向。

规划的形式会随上级组织的不断壮大而发生巨大改变。显然，初创公司或处于早期阶段的公司会采用更简洁的、不烦琐的模式，而成熟的组织必然会采用更详细、更全面的审查流程。每种方式有利有弊，但它们必须具备的共同点是能够有条理地指导组织开展项目，使其在所选的商业领域中占据上风。这样一来可以衡量结果，也能完善所选流程，以实现衡量市场成功的最佳结果。

无论采用哪种方法，都易受到一些常见问题的影响。最常见的情况是，当规划流程被赋予了生命并具有政府干预时，那么它在商业成功方面的作用就微不足道了。还有一些潜在的问题影响给定流程的顺利推进，其中包括：

（1）范围蔓延：项目的范围一直在发生改变。当项目自身比所需更加复杂时，这种范围的变化会威胁到项目的成功，并可能会对其成果产生不利影响。

（2）期望值蔓延：这是人类最终通过隐藏或扭曲行为的方式开展对话。对项目进展进行必要的、可量化的衡量来对抗这一点变得非常重要，良好的项目管理也变得至关重要。

（3）努力蔓延：当任务难度比预期更为复杂时，个人倾向于投入更多的时间，却将可测量的目标抛在脑后。

杰弗里·平托（Jeffery Pinto）在美国凯利商学院发表了一篇富有思想内涵的文章——《谎言，堆砌的谎言和项目规划：可能毁掉项目规划过程中反复出现的人为错误》中引用了"基于项目的规划是全球产业活动的重要组成部分。遗憾的是，项目推进的追踪记录依旧不到位"的观点，并进一步阐述了这一观点。平托进一步将失败定义为中止甚至撤销项目，并列举了成本和时间超支现象。通常情况下并不是项目团队要一直承担挽救产品价值和获取盈利的责任。

他进一步列举了项目失败的人为"七宗罪"，其中包括外部变化（例如销售团队提前促销产品）、不切实际的时间进度表、对项目中的变化因素控制不力、对项目管理的培训不佳等。文章结论是需要开展良好的技能培训，减少系统性错误，并为返工周期留出更多的时间，以此作为未来的发展方向。

由平托和欧姆·卡布恩多（Om Kharbndo）合著的题为《如何在项目管理中失败（无须真正尝试）》的文章中，详细阐述了项目管理的失败模式，并想让读者从他们的失败经历中吸取教训[①]。这本书涉及内容广泛，其中包括：

---

① Bussiness Horizons，July-August 1996.

(1) 忽略外部环境和利益相关者。

(2) 技术更新频率太高。

(3) 未用心制定应变计划。

(4) 出现问题时直击要害。

(5) 想法因惰性而泯灭。

(6) 未用心开展可行性研究。

(7) 从不承认项目失败。

(8) 从不开展项目的失败调查。

(9) 从不进行权衡。

(10) 项目领导者能力不足。

最后他总结道,过去的失败或成功并不能预测未来的结果。我们可以吸取教训,但前提是我们愿意发现和研究问题。

衡量工具

除了财务表现的基本衡量工具,比如投资回报率,它衡量的是投资和回报的总体比率,还有其他的衡量方法。净现值将项目常规化,使得资金随着时间回流。因此多个项目可以独立于时间之外展开比较,以实现其收益。内部收益率(IRR)有助于量化现金资源流经组织的比率。当你考虑大量的资本支出(例如修建工厂和购置设备)时,采用内部收益率就显得十分有效。

还有其他许多方法,例如里程碑表示法、市场份额分析以及员工人数与成本的比率等,这些都是重要的参数。在这些所列方法中,也许最重要的方法源自项目管理,以下为三个重要的方法:

(1) 甘特图:由美国工程师亨利·甘特发明于1910年,且一直沿用至今,像微软公司会提供像"项目"式软件产品来推导和控制这种方法。甘特图列出任务清单,其中包括将要执行任务的人员以及此任务的预算。它可以直观地监控可交付成果的进度。该图表功能非常实用,我们经常能看到这些图表被放大后发布在项目中心。

(2) 关键路径法(CPM)：由杜邦公司(DuPont)和雷明顿兰德公司(Remington Rand Corporation)创建于20世纪50年代。作为一种监督和管理维护任务的工具，执行任务的确切时间取决于完成任务所需的时间。

(3) 计划估评法(PERT)：由博思艾伦咨询公司(the Booz Allen Company)和美国海军开发于20世纪50年代，用于监督和控制复杂的国防项目。它以图标方式绘制了基于时间线的任务开展情况，也展现了其与相关任务的共存性。

为此，目前已经进行了许多尝试来整合这些方法以呈现一种通用模式。在2006年，美国成本工程师协会发布了《全面成本管理框架》，但尚未被广普遍采用。随着全球化的不断深入，国际标准应运而生。例如，国际项目管理协会(IPMA)明确了衡量其能力基准(ICB)的方法，使国际项目计划使用标准化的术语和语境。

我在谷歌上搜索"项目规划"一词，找到了1.09亿个条目。显然，这是一次对任务规模的间接衡量，强调了使规划流程适应给定组织需求的重要性[①]。

计划与否

也许改写莎士比亚的《哈姆雷特》中主人公(哈姆雷特)思考生命价值和自杀倾向的那句话有点戏剧性。把是否执行计划作为商业化的一部分，从而选择哪一个流程最适用于决策过程，计划所涉及领域已超出此范畴。显然，规划制定不到位，所考虑的项目就会面临彻底失败，成本超支、意外延误、可交付成果丢失、流程参与者之间内部目标沟通不畅以及错失市场机会等风险。规划还提供了可交付成果和所需资源的指导方针。其中，长期项目十分关键。由于项目耗时长，这可能成为最令人头疼的项目。你无法"按下暂停键"来尝试纠正与时间有关的问题。

此外，无论规划中的项目采用何种路径，显而易见的是，都需要将细

---

① 《商业视野》，1996年7—8月。

致度、复杂度和文档级别与相关组织的需求相匹配。

浪费金钱和人才等宝贵资源的代价可能是失去市场机会,而寻求更多可观的资源途径较少。对一些比较棘手的问题,如品牌知名度下降、员工士气下降、资产负债表财务状况不佳等,可能需要数年才能解决。因此,激励措施要在一开始就定好。

无论规划流程的制定和执行性质如何,确保项目成功的功能要素必须到位,其中最复杂的部分可能是研究围绕产品或服务营销的问题,我们将在下一章继续探讨。

第七章

要不要市场化……

商业化背景

任何一本商业类书籍都可以快速识别营销在商业项目中的重要性，我的也是如此。不过在我这里，这个问题稍显复杂。在整个产品生命周期中，描述市场机遇，并将合适的销售策略——比如新成立的部门、特许经营、授权以及合资经营等——作为识别其潜力的平台是非常重要的。

市场营销是公司理解给定产品或服务如何融入客户感知需求（并据此采取行动）的关键因素。这不是一个单一的功能，而是组织内外因素的一系列互动。图7-1很好地再现了市场营销的作用。

在远洋帆船赛中，船长（又称舵手）的工作是非常有趣的。掌舵的通常是船主或者指挥官，看上去相当威严，有时还会大张旗鼓地喊着改变航向的命令。这确实是相当出彩的角色，言外之意，帆船赛的获胜策略就在于船长的指令。

不过在这场表演里，坐在船长正下方的无名英雄才是真正的军师，他们要不停地计算着风向、风力和船只的相对位置。他们一般蜷缩在电脑或其他设备前，向船长和全体船员简要地说明航行的备选方案。其实，帆船赛通常都是依靠"军师"这个角色获胜的。

公司运营也是一样的道理，首席执行官（CEO）和首席营销官（CMO）

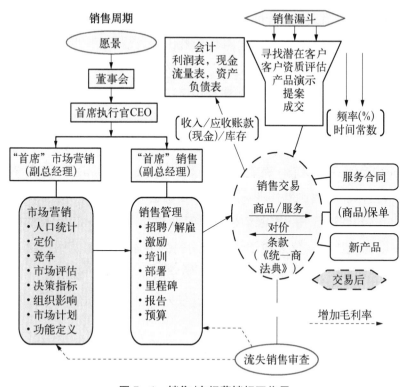

图 7-1 销售/市场营销相互作用

虽然扮演着类似船长和军师的角色,但公司能否成功却是由营销方式决定的。

营销时代结束了吗?

2005—2009 年间出现了一系列耸人听闻的文章,预示着传统营销的消亡。2005 年,小弗雷德里克·E.韦伯斯特(Fredrick. E. Webster, Jr.)等人在《斯隆管理评论》(Sloan Management Review)上发表了一篇题为《营销能力的衰退和分散》的文章。他们在文章中称公司首席营销官的任期不足两年,营销预算下降到个位数,营收占比下降,员工流动率居高不下。在同期的《麦肯锡季刊》上,一半来自欧洲的 CEO 们"对 CMO 的表现不甚满意,甚至还觉得他们'缺乏商业头脑'"。在《斯隆管理评论》(2008 年夏季刊)发表的一篇与此类似的文章中,作者约拉姆·温德(Yoram Wind)

表示营销学"没有跟上"21世纪快速变化的步伐。他引用托马斯·弗里德曼(Tom Freidman)的一些概念来佐证此说法,比如扁平世界、中国崛起、互联网时代和社会意识。

实际上,我们所知道的商业概念正经历着一系列重大的颠覆性变革,营销概念也必须适应现实变化。高德纳(Gartner,美国咨询公司)公司2014年发布的《美国数字营销支出的重要发现》报告中,詹姆斯·里韦拉(James Rivera)和罗伯·范德马伦(Rob van der Mullen)发现,有315家公司的营销预算预计增长8%,14%的受访公司计划将收入的15%以上用于营销预算和薪酬。高德纳公司研发部副总裁劳拉·麦克莱伦(Laura McLellan)说:"数字营销和传统营销之间的界限仍然很模糊。对于营销业内人士而言,与其说是2014年属于数字营销,倒不如说是数字世界中的营销。"表面上看,营销行业似乎有了很大的增长,但背后因素还需要进一步研究。

这是怎么回事呢?其实这一现状是由背后的多重因素导致的,这些因素包括:

(1) 互联网正快速渗透到各个行业。
(2) 智能手机、平板(电脑)和电脑用户激增。
(3) 全球竞争方向转向客户、资源和市场。
(4) Meta(原脸书)和X(原推特)等社交媒体迅速走红。
(5) 出版领域中Kindle、Nook和MP3等电子阅览工具。
(6) 亚马逊和其他电商企业一举成功。
(7) 网页设计、病毒式营销和使用技术方面涌现出大量专业人员。
(8) 诸如谷歌等搜索引擎的新市场诞生。

麻省理工学院的创新专业教授埃里克·冯·希普尔(Eric Von Hipple)写了一篇题为《民主化创新》[①]的文章,他在文中指出,我们正在迅速走向一个新时代,在这个新时代中,所有人都可以找到商业问题的解决方案。他在文中阐述了如何借助计算机辅助设计(AutoCAD)或三维设计

---

① MIT Press. Creative Commons Liscense,2005.

软件(SolidWorks)在个人计算机上设计概念,然后使用快速原型设备将这些概念即刻转换成零碎的小概念,这些设备在公开市场上不到1 000美元就可以买到。尽管这些设备在输出规模、材料和精度上都很有限,但其实很容易就可以想象出最终的结果。

不过这一切又如何与创新商业化联系在一起呢?显然,我们在分辨如何提高成功的概率时,就必须关注这些新的渠道和营销工具,依靠旧的营销工具已经远远不够了。

新营销模式

在前文中,我概述了一种新的营销模式,我们有必要在不同的背景下看待商业机遇。首先是从营销的组织功能来探讨新营销模式,如图7-2所示。

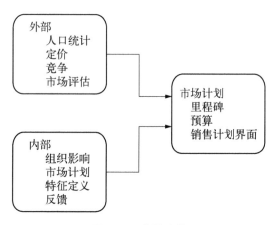

图 7-2 营销功能

市场营销的许多方面都值得关注,尤其是以下两个方面:一是类似于飞行员所说的"态势感知",这主要与飞行员及其周围环境有着密切的关系。二是该术语主要借助优势、劣势、机会和威胁的分析矩阵(SWOT)来衡量个体对空间变化的反应力,而市场恰好也依赖该反应力。其分析格式如图7-3所示。

SWOT 分析

优势(内部)	劣势(内部)
1. 2. 3. (有助于实现目标)	1. 2. 3. (不利于实现目标)
机会	威胁
1. 2. 3. (有助于实现目标)	1. 2. 3. (不利于实现目标)

图 7-3　SWOT 分析格式

SWOT 分析是市场评估的主要手段。我看了许多商业计划书，发现这些计划书里都是静态的一次性信息。实际上，更准确的计划书应该是项目商业化过程中方方面面的写照。动态变化（以及项目团队如何作出反应）成为计划书好坏的一个重要判断依据，是项目面临的"态势感知"中的敏感指标。关注项目变化逐渐成为分析项目可行性的一个强有力视角。

市场营销团队和销售团队有可能发生冲突，这归结于高层管理者对两者职能缺乏明确的认识，事实上，界定各部分职能以避免产生冲突是高层管理者的职责。

为了说明销售和营销之间的潜在问题，研究每种方法的关键组成部分很有必要。

人口统计因素

在传统的营销模式中，营销为成功所做的第一个贡献就是人口统计。人口统计有助于明确以下几个方面：

（1）客户是谁？

（2）客户住在哪里？

(3) 客户会买什么？

(4) 客户如何购买？

(5) 客户愿意买什么？

除此之外还包括年龄、性别、婚姻状况、购买力等，还包括项目正在经历的变化或项目趋势的动态模型。这些信息被创造性地合成为一个虚构的客户群体的人口统计模型，这些信息之后将成为制定营销计划和品牌战略的基础。与 SWOT 分析一样，这并不是一个一次性的静态优势，而是一个不断变化的动态布局。人口统计的创新之处在于通过观察变化和趋势来利用这些信息，并对其作出反应。

勒妮·迪雷斯塔（Renee DiResta）在 O'Reilly Radar 博客上写了一篇题为《人口统计学已死：市场营销的新技术面孔》[①]的文章，她在文章中表示，市场营销已经从一个创造性过程转变为一个越来越以数据为导向的学科，拥有着坚实的技术基础。尽管市场营销的主要任务仍然是与客户建立联系，但决定购买的途径以及由此产生的购买模式已经发生了根本性的变化。迪雷斯塔（Renee DiResta）认为，"旧的营销采取了一种'喷雾和祈祷'的方法，针对的是相对被动的客户群"。

数据挖掘技术如今已经发展到了这样一个地步：营销人员可以利用从实际客户行为中提取的数据，在个人层面上开发出高度具体的客户概况。亚马逊就是一个很好的例子。他们有一个实时数据库，记录客户的所有交易和搜索历史。当你登录到这个系统时，亚马逊会根据你以前的购买记录，向你推荐你个人可能感兴趣的书籍和其他产品。

除了这一新方法之外，笔记本电脑、平板电脑和智能手机在全球范围内的应用也令人叹为观止，使消费者对产品（和服务）供应以及定价和供应链可用性方面了如指掌。与此同时，传统消费者忠诚度消失，产品/消费者界面上出现了新的激烈竞争。巧的是，新的营销技巧在数据挖掘、网页开发和"以人为本"的应用意识方面也在不断发展改善。

---

① radar.oreilly.com//2013/09/demographics-are-dead-the-new-technical-face-of-marketing.html.

价格因素

从根本上讲,定价是确定一家公司将收到何种顾虑以换取其产品或服务的过程。定价是市场营销的四大要素之一,其他三个要素分别为产品、促销和分销渠道。影响定价的关键因素包括制造成本、分销成本、品牌、产品质量和竞争驱动等,它们会产生自下而上的影响。另外要考虑的是"市场将承受什么",以及如何奖励最有效率的生产商和分销渠道。离岸制造业模式深受这一概念的影响。此外,沃尔玛式的"大卖场"分销模式和类似亚马逊的互联网式服务的存在,使得消费者几乎可以实时获得产品。客户当然"用脚投票"(愿意接受),甚至还可以一种以前根本不可能的方式影响人口统计数据。

沃伦·巴菲特(Warren Buffett)对定价的看法是,"价格是你付出的,而价值是你得到的"[①]。他进一步表示,"你如果提高了价格还能赢了竞争对手,那你的生意就真的如日中天了"。

要确定合适的价格,就必须有一个合理的战略,既要考虑市场及其竞争力量,又要考虑企业对利润和投资回报的要求。其实,有三种主导因素有助于明确定价的战略方向,我们将在之后的章节展开讨论。

1. 成本定价法

该方法以统计数据为基础,侧重于既定的投资回报率目标。该方法还包括盈亏平衡(BE)和经验曲线(EC)的影响。我们来分析一下这两个概念。

盈亏平衡包括产品或服务制造过程中的固定成本和变动成本,并根据单位生产的产品或服务预测其未来趋势。之后它将覆盖销售收入,进一步确定收入线超过合并成本所需的数量(单位)。有趣的是,收入线的斜率取决于产品的平均售价,达到斜率点之后,这一过程将产生利润(和现金),但在此之前,它主要抵消经营损失。以上关系表述如下:

---

① Cited in Technology Ventures by Byer and Dort, McGraw Hill, Third Edition, 2011.

盈亏平衡点＝固定成本/产品单价－单位产品变动成本

如图7-4所示：

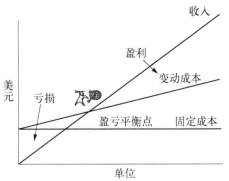

图7-4 盈利能力和盈亏平衡分析

在特定的点上，每单位的固定成本和变动成本与产品（或服务）的销售收入相匹配。达到这一点后，生产产生的利润将归企业所有。

经验曲线是基于波士顿咨询集团（BCG）在20世纪60年代中期提出的一个想法。该集团提出了这样一种观点：一个公司在生产某种特定产品（或服务）方面的经验越多，其生产成本就越低。BCG创始人布鲁斯·亨德森（Bruce Henderson）在他的文章《管理大师及其思想精髓》（《经济学人》，资料出版社，2009年9月14日）中指出，经验每增加一倍，成本就会下降23%—30%[①]。从理论上讲，由于公司控制定价，就意味着随着时间的推移，竞争优势将愈加明显。

时间改变了这种模式的价值，因为它没有把创新和变革或是海外竞争的影响考虑在内。但随着单位数值的增加，自动化与不断的优化肯定可以维持住经验的价值。

2. 竞争定价因素

在某些产品领域，价格逐渐成为采购的主要衡量标准，比如汽车和航空公司这样的零售部门。企业主要倾向于减价销售（如总统纪念日当天的汽车销售）、折扣和捆绑销售（如"买一送一"），尽管减价销售是必要手段，但这种营销往往忽视了需求成本函数，从而使企业难以实现盈利目

---

① Management Ideas and Gurus (Economist/ Profile Pulishing, 2008).

标。企业还鼓励在零售产品市场开辟折扣渠道，比如与 T.J.Maxx（又称 TJ's，美国最大的折扣零售商）以及 Home Goods（一家英国采购商）合作。

竞争性定价自然是值得考虑的一种定价策略，也有很多选择，比如提供一系列产品。通用汽车公司生产、销售雪佛兰和凯迪拉克两种车型，乍一看这两种车型外观似乎没什么区别，但却能以不同的定价出售，以满足不同市场的需求。不过实际上，这两种车型的运输能力都很一般。有时候，竞争性定价可以用来区分产品是否成熟，从而从不断下降的利润率中获取最大价值。

3. 价值定价因素

价值定价主要参考顾客对价值的感知。不过许多顾客其实只用到了成本效益分析中的一个简单指标。

波士顿郊区的菲尼克斯公司设计、生产并销售了一系列用于恶劣化学环境的气流控制器装置。其工作原理是精确控制实验室中被调节的气流，使之更符合市场需求。其实，客户购买此设备时会考虑多方面的因素。该公司通过精确控制工作场所需要的气流量来节省能源成本，从而使环境更节能、更安静、温度更可控。在提到感知成本效益时，公司需要考虑到以上所有要素，因为顾客很有可能会关注到这些。根据当地的具体情况，比如当地的能源价格或劳动力价格，产品价值可能就会随之变化。与传统的成本模型相比，这种方法下的售价可能会更高。

对于一些尚未确定市场或消费者采购趋势的新产品或复杂产品而言，价值定价法的影响最大，也能带来更高的价格和毛利率。这些结果不仅会延迟与新产品息息相关的新品发布，还会增加开发成本，正因为如此，它比正常的产品生命周期会更早地引发竞争。

定价发生显著变化是因为受到了互联网的影响。比如机票定价，Travelocity（一家在线旅行社）和 Expedia（全球最大的在线旅游公司）等新兴航空公司也加入了定价博弈，只需轻轻点击一个按钮，他们就可以为一大批航空公司生成目标城市间的基本飞行成本清单。由于这些成本很容易产生附加费用，因此在附加费用的影响下，这种成本会有失偏颇。但事实证明，消费者在克服这些限制方面相当灵活，这种比较几乎

适用于我们使用的任何商品。定价差变得异常珍贵,其战略意义巨大。具体包括:

（1）有助于母公司实现财务目标。

（2）有助于定位产品(或服务产品)以吸引客户。

（3）有助于创建产品组合以满足不同的客户需求。

（4）拓宽客户接触产品的分销渠道。

（5）可用于推断产品质量或效用水平。

（6）可用于支持广告和产品折扣策略。

定价可能是商业周期中最不稳定的参数,它允许企业进入由老牌玩家主导的拥挤市场,帮助产品(或服务)获得在市场感知价值空间的定位,很明显会直接影响企业的利润。考虑到定价策略的重要性,你会发现定价策略与分析或科学规范往往相去甚远,这点很奇怪。关于这一点请参见《星期日报》的传单部分,你会注意到零售店为了吸引顾客消费而推出的那些没完没了的促销和折扣。

定价策略可以按以下方式进行分类,不过这份清单并非包罗万象,以下仅提供了部分参考方向:

（1）吸收定价法:回收固定成本和变动成本。

（2）边际贡献定价法:毛利率驱动因素可用于确定价格。该方法对成交量高的产品效果最佳,但对市场状况有点不敏感。

（3）略读定价法:新产品出现时,市场份额有时会受到影响,可能会造成提前收回成本,这对品牌推广和招引竞争对手还是挺有风险的。

（4）诱饵定价法:多种相似产品以不同的价格出售。

（5）赠品定价法:客户订购后提供免费或试销产品,软件行业多次使用该方法吸引新客户。

（6）损失领导者定价法:产品(或服务)以较低的价格推出,以牺牲利润为代价,以期尽早吸引新客户。

（7）市场导向定价法:这种竞争战略的目标是获得市场份额,且主要取决于其他公司提供产品的目的。尽管追逐市场可能是积极的,但在盈利方面的风险很大,而且依赖于对制造和分销的良好控制。

（8）价值定价法：该方法适用于某些实际材料成本仅占总成本结构一小部分的市场，如软件光盘。软件光盘的价值在于光盘内容，要实现价值就需要不断地了解市场。

竞争因素

商业化、定价和竞争是休戚相关的。在有关技术商业化的文献中，竞争在商业产品演化的过程中扮演着双重角色，既是支持者，也是批评者。早期的经济评论员也有自己的看法：卡尔·马克思（Karl Marx）在他的经典著作《资本论》[①]中写道，竞争"阻碍了资本的自由流动"，并允许"破坏已经投入的资本"。鉴于他对资本主义的批评，这可能是一个正确的观点。

经济学家和社会评论员亚当·斯密（Adam Smith）在其备受推崇的《国富论》[②]一书中谈到了利己和竞争的对立关系，这种对立关系虽然并不以服务他人为目的，但却充当了那只"看不见的手"，最终造福人类。

20世纪的政治经济学家约瑟夫·熊彼特（Joseph Schumpeter）对此持更积极的态度。他认为竞争不是有效的经济驱动力，但创业创新确实是经济增长的引擎。他指出，研发投资与生产增长是密切相关的，创新会造成对旧的库存、想法、技术和技能的"创造性破坏"。约瑟夫·熊彼特在他的经典著作《资本主义、社会主义和民主》[③]中概述了这些理论。

无论你对竞争力的看法如何，很明显，如果你要继续发展，就要借助一种实用策略学习并应对它们。

竞争与商业化

现代竞争环境允许承认并减轻破坏性力量，而这些力量已然成为生活中的一个相关事实，必须纳入商业或项目计划。从社会角度来看，竞争

[①] University of Bergano Press, third edition, 1999.
[②] Oxford University Press, 1776.
[③] Harvard University Press, 1934.

主要有三个重要功能，包括：

（1）创新发现。发现新知识是人类的天性，将这一点融入到商业化过程中就会产生明显的优势。这完全是出于私利，但有时也可能是由社会倡议所驱动的，比如我们追求清洁环境所带来的技术进步。催化消声器在汽车中的应用就是一个例子，尾气的催化作用在实验阶段已经很明确了，但直到政府排放标准得到实施，汽车消声器的应用才成为标准。

（2）选择和协调。转移商品或服务财务因素的实际采购决策有助于选择有序的创新商业化方式。创新可以是从想法到突破性变化的任何形式，而正是这种采购创新的决策促进了思想的有序发展。

（3）力量制衡。创新创造财富的能力有助于分配财富，它主要取决于市场如何将创意呈现并传递给践行者。政府法规和社会规则等外控因素也非常盛行，反垄断就是人为制衡的例子。虽然法律限制了思想的流动，但它们也抵消了商业不动产领域的潜在破坏力量。

竞争对手

量化项目的竞争力包括以下几步：

（1）确定竞争对手：竞争内容可以是新业务、新产品，甚至是新技术。可以通过简单的观察识别出这些竞争力以免失去商机，比如观察对手的广告，在贸易展上的表现，互联网的利用情况，专利的检索，甚至是他们与现有客户的会谈。

（2）识别出竞争对手还不够，还要了解他们提供的产品、分销方式、年度报告（如果公开的话）或美国证券交易委员会（Securities and Exchange Commission，SEC）备案、定价表、确定的客户以及可能的财政资源。我们可以先从研究对手的资料开始。

（3）与竞争对手打交道。竞争对手为我们提供了学习和创新的机会，观察他们如何进入市场是完善商业化流程的一种渠道，有时候最好的策略是依靠自己的力量，比如改善客户服务响应机制。持续的内部改进是提高客户效率和竞争力的有效途径。

竞争对市场营销的影响

当经济学家们争论竞争与创新的交叉领域时,关注这场争论对商业化周期中新产品和服务营销的影响变得非常重要。有时它会带来颠覆性的创新,比如带来了 3M 便利贴和丰田普锐斯这样的新细分市场,但有时这种创新力也会带来负面的影响。

克莱顿·克里斯坦森在《创新者的窘境》(*The Innovator's Dilemma*)一书中,阐述了磁盘驱动器在大小、形状和性能方面的创新性变化是如何迅速发生的,以至于现有产品尚未经历整个产品生命周期就已经过时了。随后,该行业也受到了影响,磁盘驱动器生产商从 35 家缩减至 14 家,这足以说明,创新变革也会给定价带来下行压力。

任何可行的商业机遇都存在竞争压力。当出现一种新产品或新服务时,某些产品就将面临挑战或改变,无论是被视为一种积极的还是消极的力量,都是生活中不可避免的。这就类似于战略销售(详见第五章),有许多影响围绕着实际采购决策过程,影响因素可能是如财务(和成本)、技术、市场驱动的项目,如品牌、质量或特性与优点展示。与战略销售一样,任何一种(或组合)力量都会有损项目的有效性,进而影响销售。

CEO 必须正确识别竞争风险,从而制定缓解风险的备选方案以克服这些风险。一旦明确了竞争风险,我们一般可以通过多种选择来应对这一威胁。例如,不断更新的产品设计系列能够实现同一平台的多个技术人员协同工作。预测产品设计并提供选择是项目蓬勃发展的关键。在营销领域,任何一种产品或服务都有多种品牌推广手段、分销方式和定价策略,还有一些基本的工具,如 SWOT 分析、五力模型,以及其他可用于制定备选方案的工具。

进入市场

在追求更优的商业化过程中我们仍然需要制定简明的方案,而这些问题就相当具有策略意义了。从描述客户行为和当前市场环境的情景分析出发，概述影响项目成功的外部因素，包括从竞争因素到监管因素等诸多内容。上述因素显然明确了目标客户群体及其购买方式（和消费偏好）。最重要的是，这些方案还提供了克服障碍的策略或方法。

新产品和新服务有可能会有损或改变母公司的品牌和形象。虽然大多数情况下，这种改变都是积极的，但还需要研究其影响。营销的性质自然与公司的生存及其运营周期不同，但随着组织的成熟，方案会更加普遍和规范。最后，需要明确控制成本预算及其对收入增加的影响。

为什么要费心制定这个计划呢？原因在于，大多数新项目在进入市场时都是跌跌撞撞的。风险在于，公司消耗了资源，却没有从公司期望获得的收入和由此产生的利润中获益。不过，这是可以避免的。

为什么要营销？（总结）

在所有的功能学科中，市场营销可能对商业化的成功有着重要的影响，成功的营销和促销活动的结果，可以直接转化为财务业绩和整体项目满意度。其中，技术组成部分、人力资源、运营问题，甚至财政支持通常都是可以调整的。营销问题及其解决方案是客户及其消费偏好的试金石，这些问题难以实时解决，必须要经过深思熟虑和详细的规划。

要实现商业化的新产品和新服务都必须经过量化的审查，将这些因素合理化的唯一渠道就是对它们进行分析。而事实证明，恰好有许多因素是可以量化的。下一章，我们会继续探讨一些最重要的因素。

第八章

数　字

在早期公司(或项目)中,需要对资本资源进行密切控制。然而,即使人力资源和管理制度比较到位,资金也还是会不断流出。显然公司还需要更好的工具来克服这一难题,所以我提出了一个财务模型,不仅有助于控制现金流的可变性,还可以改变各种数字背后的假设,使其具有预测能力。另外,在每个增长阶段,也将呈现出会计和财务职能的变化,这些显著变化影响着公司的各项职能。

数字世界影响着商业化决策。数字的价值在于能够衡量和比较我们目前的业绩与更远大的目标,如企业投资回报和阶段性(如每月)目标。当然,数字价值也标志着某些问题,还可以使用微积分进行修复。另外,数字可以通过比较多个项目中的各种属性(比率)选择备选方案。另外,数字还可以让外部世界观察项目和活动的表现。接下来,让我们详细看一下每种类别。

内部空间

在商业化决策的过程中,有一个特殊的数字关卡,即投资回报率。简单来说,就是对投资项目的资本额及其预期收益的计算。如果项目无法获得最低利润,那么公司就有理由直接拒绝该项目。投资回报率作为可行性分析决策点的内容在第五章中已经有所阐述,其计算公式如下:

$$投资回报率 = (收益 - 投资成本) / 投资成本$$

当然，也可能会有一些缓和的情况，即一个想法的回报率低于预期目标，这可能是因为它为母公司提供了进入新细分市场的战略机会，这种类型的项目有时被称为"亏本销售"。决策具有战略性，可以直接跳过所有的财务顾虑。

仅有投资回报率不能对某个项目做出绝对的财务决策。或许有一些项目承诺会带来诱人的回报，但总的来看，母公司将会消耗大量可用资本。所以，一种项目间回报率的计算方法是十分必要的，即内部收益率，它可以量化资本支出的消耗率，也可以用来衡量母公司筹集和提供充足项目资金的能力。一些可利用的变量可以增加金融选择，比如增加投资资本、贷款以及在公开市场出售股权（股票）。人们倒是经常使用这些方案，但并非没有考虑到整体股权稀释和债务融资中违约惩罚的问题。

另一项财务顾虑主要是母公司的实力，通过资产负债表(B/S)及其内含比率来衡量。该文件通常按月编制，列报母公司的资产和负债情况。现金和有形资产均列示其中，此外，文件还标注了贷款和应付账款等资产的债务价值。资产负债表是三大财务报表之一，另外两个是损益表和现金流量表，将在本章后面介绍。资产负债表样本（无编号）如图 8-1 所示。

资产负债表样本
XYZ 公司
年，月

资产		债务	
流动资产		流动债务	
现金及证券 应收账款 库存 预付费用 其他		应付账款 到期利息 短期票据 应计费用	
流动资产总额		流动债务总额	
其他资产 商誉 知识产权		长期债务 抵押贷款	
其他资产合计		长期债务合计	
资产总额		资本净值	

图 8-1 资产负债表示例

资产负债表列出了公司的所有资产和负债,无论是通用汽车公司还是初创公司,其格式都是一样的。表格通常分为当期(少于30天)和长期(超过30天)两部分。现金、存货和应收账款(欠公司的钱)一般是用于表明该公司在新商业化项目上投资能力的指标。银行等外部资源认为,存货和应收账款(在贴现基础上)等资产是可行的贷款抵押品,但只是其中的一部分。

这种资产由该组织的负债清单抵销,最主要的包括应付账款(如欠供应商的钱)和其他的款项,如未偿贷款和房产抵押贷款。如果资产负债表中显示有许多债务,那么就可以判定公司的财务状况属于高"杠杆",容易遇到风险,这也能够衡量公司是否准备好吸收新的商业风险。

流动资产与流动负债之间有一个重要的比率叫作"流动比率",比率为正数表示该公司有能力承担财务风险和责任,反之表示没有。流动比率还涉及可行性分析期间提出的问题,即公司是否准备好实施新的商业化活动。

另外,所有商业化项目在投资时机和预期回报方面都不尽相同。在确定项目备选方案时,这一点尤其值得关注。有一种称为净现值的财务分析模型,可以基于时间折算出一个现值。净现值可以计算一段时间内进行的投资,将其转化为现值,以便与正在考虑的其他项目进行比较。这种财务分析模型在简单的线性项目中尤其有效,而在资本投资差异较大的项目中则需要更复杂的分析工具。

我们很快就会发现,描述和预测给定项目资本需求的衡量方法不止一种,在热衷于量化的过程中,人们会小心谨慎以免陷入"分析瘫痪"。对于一个给定的项目,人们可能对量化结果持明显的支持或反对态度。事实上,许多影响深远的决策都是基于一种更加均衡和直观的"本能"感觉,比如,我们可以通过很多例子迅速深入地了解乔布斯对苹果公司的转型决策。其实,许多好的决策都是在非理性的基础上做出的,这就有点像一个钟摆来回摆动,最终找到一个平衡点,让两边都能得到繁荣发展。在耗费精力寻找平衡点之前,我们应该先看看项目的内部元素。

内部平衡

在前一章中,我们讨论了计划及其对商业化的多重好处。显然,商业化的结果将明确投资所需的资本。无论是采用正式的计划评审技术(PERT)还是甘特图(Gantt),都能体现支出和支出的时间。很多时候,数据输出也是预算的基础,预算的细节和复杂程度会随着项目的复杂性和母公司内部流程的复杂程度而变化。

对界定数字范围不当的惩罚值得反思,以下列举部分:

(1) 错过市场机会窗口。预算不足意味着产品开发资金或市场投放力度不当。

(2) 劣质技术(未经验证或未完成)。如果没有正确意识到开发技术并充分测试它所需的时间和人力,那么结果就会有点惨。该技术可能的确是一个新颖或创新的想法,但其不恰当的发展孕育期会损害其商业化的有效空间。最后,公司不仅错失了机会,而且从超时费和额外的担保费来看,恢复商业化的代价也会非常大。

(3) 资金不足导致员工工作倦怠。创业初期,团队往往人手不足,往往会超负荷利用员工的宝贵时间。另外,预算和时间不足,我们完全可以理解,但其对交付效果带来的却是负面影响:项目走了捷径,人们也会因为压力而离开。如果不切实际的计划和投资是诱因之一,那么这在一定范围内是确保合理规划和预算的另外一个理由。

(4) 销售/营销不当。当今世界,互联网影响范围大,影响速度快,在世界各地传播想法和产品的能力非凡,因而寻找合适的新销售渠道就需要新技能和新视角。如果新技能和新视角不那么重要的话,则应当重塑(改变)和适应想法的能力。最近我去一家汽车经销店买新车,我向销售员要他们的纸质宣传册时,他说已经不再提供了,并建议我去公司官网查阅相关信息。过时的市场营销预算将不再算作进步的衡量基准。

(5) 整体项目的失败。即使对新项目进行最具创新性和适应性的思考,仍然存在潜在的失败因素。很多时候,诸如政府法规和产品新技术出现这样的外部事件都会带来不可预见的影响。而现在描述成功项目的词往往是像"敏捷性""适应性"甚至"学习型组织"这样的词。

通常,预算格式可以体现时间的安排,当为资本设备或新实体工厂支出等长周期项目提供资金时,这一点尤其重要。突破并致力于长周期项目可以防止后期争夺资源的混乱,某些项目规划工具可以自动整理这些时间。此外,逃不掉的人工加班费、联邦快递保险费以及供应商的罚款更是让项目雪上加霜,就更不必说随之而来的恶评和错失市场机会窗口了。

预算

最近,我用谷歌搜索"预算"这个词时发现"预算"的点击率超过了1 100万。预算和格式有很多用途,也有很多供应商和销售公司使用它们。我一直热衷于使用预算格式,这些格式包括为商业化项目等特定用途而创建的预算格式,易于移植到母公司使用的综合金融工具上的预算格式。这是通过调整通用类别(单元格)和适应规则来实现的。最后,数字工具的使用必须融入综合金融结构。为了了解这一点,让我们先看看图8-2所示的收入状况。

损益表样本
工作表
XYZ公司
年,月

收入		
营业收入		%
减少:		
销售成本(COGS)		
材料成本		
劳动成本		
生产费用		
销售成本总计		
毛利润		
销售、综合和行政费用(SGA)		
销售和市场营销费用		
研发费用		
管理费用		
销售、综合与行政费用总计		
息税折旧摊销前利润		

图8-2 损益表样本

损益表(I/S)是对拟议项目所产生的以及可能产生的收入的汇编,之后它会从支出的费用里扣除,这些费用可以分为固定费用和变动费用两类。该声明是对前文提到的盈亏平衡图的量化,而这个图形就是量化的一个版本,向我们展示了项目的可盈利之处,这个表有时也被称为损益表。如果它是在整个合作实体的规则和格式背景下完成的,那么它之后就可以简单地传输到整个财务文档中。

损益表还可以用来预测未来的时间段。会计人员会将这些前瞻性预测称为形式文件,该术语来源于拉丁语"形式问题"或"为形式而形式"。作为预测,该术语不适用于会计准则(公认的会计准则是GAAP),因此可能不涉及某些经常性和特殊性的(重组)费用。然而,这种形式文件确实为我们提供了一个关于该项目未来如何运作的见解。通过一定的比率分析,它也是一个将该项目与其他项目进行比较的有用工具。

收入

收入是销售活动的财务缩影。在销售过程中,有一个简单的产品服务与价值"对价"环节,对价一般指现金、现金等价物或信贷津贴等承诺的统称。销售过程由《统一商法典》约束,并在出售时提供收入"确认"的机会。收入确认的最后一部分有点棘手,因为它主要集中在长期租赁或长期付款计划上。而这一具有挑战性的部分通常会被其他因素打乱,比如纳税义务或抵消付款义务。

在收入类别中还有另一种收入来源,叫作"被动收入",它允许不以销售交易为前提的收入来源,例如租金收入和专利使用费。一般来说,所有收入来源的总和(即总收入)是公司与其他公司和项目进行有力对比的基础。在比率分析中,收入达到100%而成为分母时,研发就可以以销售额的百分比来表示,进而就可以比较不同的会计期间和会计组织了。久而久之,它就变成了监测商业化趋势的基础,这对追踪项目的商业化进程尤为重要。在很多比较的实践中,你只需在损益表上增加一列比率(即销售额百分比)就可以了,非常简单。

那些比率

传统的损益表首先要列出经营活动的变动成本,即所谓的销货成本(COGS)。在这一类中有三个传统的分类(单元格),分别是原材料、劳动力和制造费用。

如果深入研究其中的第一个问题,你就会发现管理面临的挑战。在小批量生产活动中,单位材料成本通常较高,因为一次购买10—100个比一下子购买上千个效率要低。随着自动化和机器人技术的引入,劳动力也实现了类似的效率提升。

当从总收入中去除商品总成本时,就出现了一个被称为"毛利率"(GM)的新术语。它是衡量公司或项目生产效率的第一指标,允许人们进行竞品分析并发现现有项目中的任何相关改进措施。

它也为人们提供了一个利用率越来越高的选择,即将生产外包给他人或海外生产。我们都知道在海外制造商品的趋势,原因在于它在毛利率或生产效率方面有着无可比拟的竞争优势。这种理念也逐渐渗透到服务行业。在服务行业,我们可以发现会计、软件开发和医疗记录处理业务外包给印度和世界其他劳动率较低地区的趋势越来越明显。

一些"固定"情况

正如我们在盈亏平衡分析中看到的,损益表中列出的下一类成本就是固定成本,被会计人员称作销售、综合和行政(S、G和A)。这些晦涩难懂的会计术语涵盖了销售、市场营销、研究和开发领域(工程)和行政领域,如人力资源、会计和法律。高毛利率允许增加SGA支出,其中有两个领域是重点,因为它们有利于今后的活动。

首先是营销和销售领域。巨大的营销开支创造了价值,使得项目能够从广告、贸易展览和充足的赞助资料中获益。1971年,波士顿附近的个人用品制造商吉列(Gillette),在Trac II剃须刀发布会上推出了一个相当新颖的剃须理念和产品。在设计上,它似乎落后于传统的双面刀片技术,所以它的社会接受度就比较低。1971年12月,吉列在《生活》杂志上刊登了一则长达两页的广告,结果只增加了一点点销量。在一次略显大胆的营销活动中,他们决定开展直邮市场营销活动:给潜在客户发放一个免费的剃须刀柄和两个刀片,此次活动效果立竿见影。如今,吉列个人产品系列被视为行业标准。充足的营销资金储备足以将稍显疲软的市场反应转变成一种积极的结果。

有了足够的销售努力,当然也就有了足够的销售机会。在《哈佛商业评论》[①](*Harvard Business Review*)上发表的一篇题为《销售团队生产力新科学》的文章中,贝恩公司的戴安娜·莱丁厄姆(Dianne Ledingham)、马克·科瓦克(Mark Kovac)和海蒂·洛克·西蒙(Heidi Locke Simon)三位作者,对销售团队的生产力神话进行了辟谣。首先,仅仅增加更多销售代表是没有用的。其次,他们还发现,依赖超级明星(也被称为"造雨者")还不如系统地运用广泛的技能有效。他们在五年销售生产率模型中证明,持续提高销售团队生产率,可以使每位销售代表的生产效率指标从320万美元提高到410万美元。这一增长比同类竞争企业高出17%。衡量与竞争对手之间的比率是常见的做法,通常被称为"comp"(可比性的简称)分析,并被认为是有效的。在更常见的比率中(如销售额/收入)确实如此,它还可以用来与可轻松获取相关数据的上市公司进行比较。

在研发支出中也可以提出类似的论点。早期,企业研发的特点是兴建大型基础研究设施,如RCA(美国无线电公司)的萨尔诺夫实验室、贝尔实验室、荷马实验室(伯利恒钢铁公司)和福特飞歌,研发活动是实实在在在进行的,但基础技术的商业优势可能没有预期那般富有成效。此外,政府在大学基础研究方面继续有所投入。

发展仍在继续。某些行业,如生物技术、材料和半导体,由于其业务性质,仍在追求研究和开发双轨并行。所有这些结合起来,奖励内部的商业化活动以获取未来的财务机会。这些趋势的一个方面是,商业机会的

---

① www.HBR.org.September,2006.

视野将越来越短,可能还会带来更多的合作机会和应用技术。随之,商业机会将发生改变,因为它们必须尽快证明自己是积极创收者,且承受长期风险的能力已经有所下降。

还有一个广泛的类别,被称为"其他"固定成本,间接影响了这一讨论。这类固定成本主要指其他行政费用,包括会计、法律、公用事业、保险等。而所谓的间接影响是指这类成本为维持在较低水平而经常受到审查。考虑到盈亏平衡分析,如果固定成本降低,早期盈利势头就会鼓励更多的商业活动。考虑到这一点,我们现在从财务角度来看看结果。

结果

当所有固定和变动成本/费用被计入损益表收入项时,其余部分就被称为"营业收入"。

与产品或服务的制造有关的费用是变动的。每生产一个单位,就要对制造过程中使用的材料和劳动力收取费用。服务行业也是如此,专业服务时间就是材料和劳动力的替代品。最后,还要对所使用的资源和公用事业收取间接费用。

会计人员对营业收入更正式的描述是息税摊销前利润(EBITA),涵盖产品的生产与销售以及服务的所有要素。该术语允许人们比较项目和公司,然后从息税摊销前利润中减去利息、摊销和纳税义务的被动费用部分,从而得出该组织的净收入(包括纳税义务、净利息和折旧)。

这些被动的(非经营性的)费用可能是非常庞大的,或许高达规定收入的10%。息税摊销前利润的某些要素相当有战略性,其中一个例子就是纳税义务。某些开支和投资可以通过抵消税收优惠政策来加以保护,比如,研发税收可以用于抵免研发支出,甚至可以结转到未来会计期间,因此这种激励措施可能会影响母公司的投资计划。对于创造就业机会,甚至是外派激励,也可能采用类似的理由。亏损结转公式甚至可以容忍利润增长放缓的因素。这些税收优惠政策的影响可能是显著的,甚至可以纳入决策过程。这些考虑很少能像创新、市场份额和发展那样,以同样的强度和优先性推动商业化进程,而这正是它应有的方式!

息税摊销前利润与净收入之比的另一个方面是贷款和利息支出。考虑贷款的非稀释性是很有诱惑力的,但它们所承担的义务与大多数商业决策的操作本能背道而驰。对一些像我这样的人来说,债务是对合理财务决策的一种可憎存在,它们存在于金钱的使用之外,即使账面上仍然有利息。鉴于这种偏见,贷款可以将特定公司的业务扩展到新产品、服务和市场领域。

同许多商业决策一样,保持财务平衡都是必须的。资产负债表比率最终可能会决定债务顾虑。很多时候,一个组织所能承担的债务数额是由银行等贷款机构决定的,它采取限制性条款的形式,允许贷款机构在贷款未履行时收回贷款。各组织经常使用资产负债的流动比率。如果资产负债表没有显示出足够强大的股本状况来吸收债务,这些比率可能会受到不利影响,这被称为公司的清算潜力。贷款机构无法承担项目的风险或公司未来的发展。风险投资是融资的作用,而股票发行是筹集新项目所需资金的常见可选工具。这一计算主要基于以下前提,即未来收益将有足够的增长,并增加"感知价值",以保证这些收益。

在净收入之前,这个收益空间是充斥着"其他"被动因素的地方,一个逐渐明显的因素就是管制激励和义务的影响。人们曾一度认为政府机构长期的干预措施是没有必要的,比如美国环保署(EPA,Environmental Protection Agency)、美国证券交易委员会、美国职业健康安全局(OHSA,Occupational Health and Safety Administration)、美国国税局(IRS,Internal Revenue Service)等。今天,单是干预措施的规模就决定了它们既要有能见度,又要有战略考虑。这些项目的总和从息税摊销前利润中扣除,导致净收入出现负值。

从某种意义上说,净利润是公司经营实体有效性的最终仲裁者,成功的新商业活动有助于实现这一目标并促进其增长。公司股票价格的临界比率与其每股价格/每股收益比值的比较成为外部评价一个公司的重要数值。这尤其适用于在纽约证券交易所(或同类机构)等公开场合出售股票(或股本)的公司。

建模

到目前为止,关于数字的对话集中在每个财务组成部分的重要性以及它们与项目的关系上。数字将绩效(包括预期的和已实现的)与企业环境以及项目所涉及的机会世界的数字属性关联起来。然而,众所周知,大多数项目失败都是因为资金短缺。在寻找能让我们更好地预测结果的工具时,我们研究了拟议项目的财务模型。

早期,我在伍斯特理工学院教授创业技能时开发了一个多层次模型,该模型在分析资助项目和课堂教学方面都很有用。模型模仿了前面提到的盈亏平衡模型,并估算和匹配资产负债表中的资本,从而对项目所需资金进行了初步估算。

该模型承认潜在假设的模糊性,并提供了一种方法,通过一系列控制步骤避免隐含因素的可变性。对控制假设的描述有助于将其分离出来进行分析,还可以在信息质量提高时实时更新这些假设。该模型还提供了一个对话工具来吸收诸如人工操作和分析等高成本项目。模型如图8-3所示。

损益表模板(单一产品)修订版					2015年7月22日		
	第1个月	第2个月	第3个月	第4个月	… 第12个月	共计	%
单位数目	1000	1	1	1	… 1	1011	
每单位平均售价	$35	$35	$35	$35	. $35		
收入	$35,000	$35	$35	$35	. $35	$35,385	0%
折扣减去部分	$3,500	$4	$4	$4	. $4	$3,539	
总收入	$31,500	$32	$32	$32	. $32	$31,847	
可变成本(COGS)							
小组							
材料	$11,000	$11	$11	$11	. $11	$11,121	
劳动	$13,000	$13,000	$13,000	$13,000	. $13,000	$156,000	
其他费用	$48	$48	$48	$48	…	$573	
销售成本总计	$24,048	$13,059	$13,059	$13,059	. $13,059	$167,694	
毛利润贡献	$7,452	−$13,027	−$13,027	−$13,027	. −$13,027	−$132,309	−415%
毛利率	21%	−37221%	−37221%	−37221%	… −37221%	−374%	
固定成本(SGA)							
销售/营销							
销售人员工资	$0	$0	$0	$0	. $29,792	$126,208	
销售费用	$1	$1	$1	$1	… $543	$3,804	
营销人员薪金	$0	$0	$0	$8,125	… $8,125	$173,125	
营销费用	$2	$2	$2	$2	… $501	$2,020	
销售和营销费用总计	$3	$3	$3	$8,128	… $38,960	$205,157	644%

研发							
研发人员工资	$13,867	$13,867	$13,867	$19,283	...	$24,700	$247,650
研发费用	$501	$501	$501	$501	...	$501	$6,012
其他研发费用	$1	$1	$1	$1	...	$1	$12
研发费用合计	**$14,369**	**$14,369**	**$14,369**	**$19,785**	...	**$25,202**	**$253,674**	797%
管理							
管理人员薪金	$813	$813	$813	$813	...	$9,479	$43,875
管理费用	$500	$500	$500	$500	...	$500	$6,000
咨询费用	$1	$1	$1	$1	...	$1	
租金（办公室）	$380	$380	$380	$380	...	$380	$4,560
水电费（办公室）	$150	$150	$150	$150	...	$150	$1,800
保险	$200	$200	$200	$200	...	$200	$2,400
其他费用(法律、财务)	$2,000	$2,000	$2,000	$2,000	...	$2,000	$24,000
担保	$1	$1	$1	$1	...	$1	$12
管理费用合计	**$4,045**	**$4,045**	**$4,045**	**$4,045**	...	**$12,711**	**$82,659**	260%
销售、综合、行政、管理费用合计	$18,416	$18,416	$18,416	$31,958	...	$76,874	$541,490
息税折旧摊销前利润(营业收入)	$10,964	−$31,443	−$31,443	−$44,985	...	−$89,901	−$677,337	−2127%
税款、利息准备金	$0	$0	$0	$0	...	$0	
净收入亏损	**−$10,964**	**−$31,443**	**−$31,443**	**−$44,985**	...	**−$89,901**	
累计收入亏损	$10,964	−$42,407	−$73,851	−$118,836	...	−$677,337	−$677,337	−2127%
资本投资							
设备	$15,000	$15,000	$15,000	$15,000	...	$15,000	
库存	$10	$10	$10	$10	...	$10	
周转金	$10	$10	$10	$10	...	$10	
资本投资费用合计	**$15,020**	**$15,020**	**$15,020**	**$15,020**	...	**$15,020**	
所需资金	**$25,984**	**$57,427**	**$88,871**	**$133,856**	...	**$692,357**	

图 8-3　损益表模板

> **说明：** 访问 www.apress.com/9781430263524 并单击"源代码"选项卡即可下载损益表模板副本。

在项目的规划阶段，辅助数据具有很大的不确定性和变动性。专业人员的工资由于项目规模巨大而迅速增加。

例如，该模型使用的一种方法就是从每月辅助的人力操作中查看既定的职能工资线，这将体现招聘计划的预期时间安排。工资和福利查询表可以作为计算进度表结果的乘数（见图 8-4），这就可以准确得出工资支出的情况（这原本只是一种假设），而不必担心各个单元的数字分布情况。

人力操作

	第1个月	第2个月	第3个月	...	第12个月				
劳动							30%		
技术员1人（小组）	1	1	1	...	1	$50,000	$15,000	$65,000	$5,417
技术员2人	1	1	1	...	1	$50,000	$15,000	$65,000	$5,417
技术员3名（单项测试）	0	0	0	...	0	$50,000	$15,000	$65,000	$5,417
管理费用	1	1	1	...	1	$20,000	$6,000	$26,000	$2,167
销售/营销									
销售经理	0	0	0	...	1	$100,000	$30,000	$130,000	$10,833
内部销售支持	0	0	0	...	1	$75,000	$22,500	$97,500	$8,125
售货员	0	0	0	...	1	$80,000	$24,000	$104,000	$8,667
销售管理费用	0	0	0	...	1	$20,000	$6,000	$26,000	$2,167
市场经理	0	0	0	...	1	$75,000	$22,500	$97,500	$8,125
助理	0	0	0	...	1	$50,000	$15,000	$65,000	$5,417
营销管理费用	0	0	0	...	0	$30,000	$9,000	$39,000	$3,250
研发									
首席科学家	0.8	0.8	0.8	...	0.8	$160,000	$48,000	$208,000	$17,333
实验室技术员1	0	0	0	...	1	$50,000	$15,000	$65,000	$5,417
实验室技术员2	0	0	0	...	1	$50,000	$15,000	$65,000	$5,417
行政									
办公室经理	0	0	0	...	1	$25,000	$7,500	$32,500	$2,708
簿记员	0.5	0.5	0.5	...	0.5	$15,000	$4,500	$19,500	$1,625
质量保证经理	0	0	0	...	1	$35,000	$10,500	$45,500	$3,792
航运人	0	0	0	...	1	$20,000	$6,000	$26,000	$2,167

支出

	第1个月	第2个月	第3个月	...	第12个月
劳动					
技术员1	$5,417	$5,417	$5,417	...	$5,417
技术员2	$5,417	$5,417	$5,417	...	$5,417
技术员3	$0	$0	$0	...	$0
管理费用	$2,167	$2,167	$2,167	...	$2,167
劳动支出合计	$13,000	$13,000	$13,000	...	$13,000
销售/营销					
销售经理	$0	$0	$0	...	$10,833
内部销售支持	$0	$0	$0	...	$8,125
售货员	$0	$0	$0	...	$8,667
销售管理费用	$0	$0	$0	...	$2,167
销售人员工资	$0	$0	$0	...	$29,792
差旅费用	$0	$0	$0	...	$542
佣金	$1	$1	$1	...	$1
销售费用	$1	$1	$1	...	$543
市场经理	$0	$0	$0	...	$8,125
助理	$0	$0	$0	...	$0
营销管理费用	$0	$0	$0	...	$0
营销人员薪金	$0	$0	$0	...	$8,125
贸易展览	$1	$1	$1	...	$1
印刷/邮寄费用	$1	$1	$1	...	$500
营销费用	$2	$2	$2	...	$501
研发					
首席科学家	$13,867	$13,867	$13,867	...	$13,867
实验室技术员1	$0	$0	$0	...	$5,417
实验室技术员2	$0	$0	$0	...	$5,417
研发人员工资	$13,867	$13,867	$13,867	...	$24,700
物资	$500	$500	$500	...	$500
杂项	$1	$1	$1	...	$1
研发费用	$501	$501	$501	...	$501
其他研发费用设备	$1	$1	$1	...	$1
行政					
办公室经理	$0	$0	$0	...	$2,708
簿记员	$813	$813	$813	...	$813
质量保证经理	$0	$0	$0	...	$3,792
航运人	$0	$0	$0	...	$2,167

图 8-4 人力和工资查询表

该表直观地体现了底线的含义,利用公式就可以做到这一点。与模型的分配机制相比,清晰的工资查询表可以更有效地阐述总体工资。随着模型及其预测机制的成熟,数据的准确性得以提高,模型的整体预测效果也随之提高。

> **说明：** 访问 www.apress.com/9781430263524 并单击"源代码"选项卡即可下载人力和工资查询表副本。

外部情况

关注组织外部的观点也很有必要,除了(美国)食品和药物管理局(FDA，Food and Drug Administration)、联邦航空局(FAA，Federal Aeronautics Administration)和其他把控项目质量、安全和交付要素的政府机构之外,还有一些机构会关注项目的数量及结果。其中最具权威性的就是美国国税局,这个联邦机构隶属于美国财政部,具有内阁级别的权限。国税局有责任征收税款和管理《国内税收法典》,该税法包含允许税务程序得以运作的税收征管操作规范。该法典涉及的内容全面且重要,约有 7 万页。国税局征收的税款多种多样,包括公司税、个税、就业税、赠与税和遗产税等。另外,它还管理税收征管过程和机构使用的各种形式。比如,该法典甚至对雇员进行了详细的定义,因此在执行法典时必须小心谨慎。虽然也可以由个人完成,但最好还是交给专家和会计师来完成。

另一个对商业项目数字结构起主导作用的则是美国证券交易委员会。证交会主要界定了大型上市公司的证券和所有权,这也为如何管理这些证券奠定了基础。证交会主要负责三大任务,分别是保护投资者、维持有序的股票市场以及促进资本形成。他们借助完善的公共报告系统来完成这些任务,该系统主要统计公司年度报告。这是一个体系完整的报告系统,每年(有时每季度)更新一次。

证交会还负责监管《萨班斯-奥克斯利法案》和《多德弗兰克法案》的

法规条约，这些法案有助于确立董事会治理职能的界限。最后，证交会也可以确定公司股权的投资结构，这是讨论早期公司股权结构的基础。其中有些问题涉及税收、折旧和其他可以减少投资者个人纳税义务的被动或转嫁条款。

最后，地方政府法规仍存在缺口。这些交易主要涉及申报和因税收和结构性良好而获准的投资者数量。这些法规也只是在各州内实施。

总结

这段通往数字和会计的"旅程"显示了对商业活动的重要影响，它们揭示了组织开展新项目的能力，也体现了开发和实施新产品和新服务对营业收入的影响。除了性能指标之外，还可以用于比较组织和行业标准。

母公司数字的每个元素都会受到项目财务维度的影响，无论是对现金等资源的调用，还是项目成功条件下大量资源的涌入，都是如此。

数字分析的另一个维度来自对公司在其生命周期中所处的位置的认识。大多数对项目指标及对母公司早期阶段影响的分析都可以在计算机电子表格程序（如 Microsoft 的 Excel 产品）上执行。基本报告及其重复交易可能在商店购买的"收缩包装"包上得以体现，比如 Intuit 公司的 QuickBooks，美国记账软件，或 Peachtree Accounting，桃树会计（现在称为 Sage 50），英国财务软件，因为它们价格低廉，也不需要在执行方面有丰富的经验。随着组织沿着增长曲线移动，在报告和分析方面会产生额外的财务责任。联邦和外部的各种要求，向董事会和预算委员会提交的内部报告，以及对多种货币的考虑都被纳入讨论范围。

最终，由美国国税局、证交会以及现行的《萨班斯-奥克斯利法案》（即控制董事会信息流的法律）制定的公共实体报告要求也开始进入数字分析的舞台。某些组织现在也开始应用能够整合这些信息的复杂会计程序，如 SAP 和 Oracle。而这就要求应用者们要变得更加精明睿智，即管理层必须有足够的能力和经验来获取信息。

如何践行商业化想法和想法本身一样重要。除了数字原因之外，这也是投资者密切关注数字分析团队的原因之一，他们的经验和技能代表了项目交付预期成果的能力。在下一章中，我们将研究各种组织模式，并对获取人才、激励人才实现项目和组织目标的选择进行比较。

第九章

组织动态

当你着手一个项目时,你需要选择合适的人在合适的组织结构和恰当的位置上发挥作用。初创公司在初期无法避免地要与资源雄厚的知名公司相竞争,这就增加了吸引人才的难度。即使你认为已经有了合适的人选,但考虑到公司或项目团队的文化和整体组织结构,你也需要让他们把才能发挥到极致。本章将帮助读者聚焦组织动态问题,这些内容将帮助企业实现长远成功。

构建组织

许多因素都可以助力实现任何商业实体的成功,其中最重要就是被要求执行创意计划并实现其商业潜力的团队了。在控制组织模型的一系列决策中蕴含着这支团队对运行框架的选择。许多潜在的投资者或银行家将团队视为评估的最重要因素,因为团队能够兑现项目承诺。也有一些投资者关注金融和市场,尽管专业领域的知识很重要,但"连环创业者"的地位也不能被削弱,毕竟他们带来了新的视角、经验和行业认可。不过有些人认为这些特质被夸大了,他们看重的只是新企业家的天真和热情。

2011年4月《哈佛商业评论》(*Harvard Business Review*)发表的一篇题为《企业家从失败中学不到的东西》的文章,丹尼斯·乌加萨兰(Deniz Uccasaran)、保罗·韦斯特赫德(Paul Westhead)和迈克·赖特(Mike Wright)引用了英国的一项研究,该研究共有576名连环创业者接受采访。数据显示,他们目前的项目成果并没有明显好于那些初创企业家的项目成果。一篇简短的报道中写道:"花时间思考所发生的事情就像是拿了一张通往墓地的入场券。"那些高度重视经验的投资者也肩负着探索创业者以往实践中"经验教训"的责任。

我并不想加入到这个关于经验价值的讨论中,我认为团队的角色不是一成不变的,而是在公司成长的过程中随着团队的变化而变化。因此,一个紧密合作的创业团队提供的技能可能不足以发展公司或其项目。不过好消息是,这些变化是可以预见的,可以利用培训或咨询等方式来改变这种局限。总之,目标是为团队提供资源以实现上述转变过程。这个想法如表9-1所示。

表9-1 增长阶段-功能含义

	投资前阶段	早期阶段	A轮系列	后续阶段
管理	非正式	团队	管理体质结构	委员会、指标
会计系统	Excel表	快速记账	企业风险管理、客户关系管理、管理信息系统	合并报表
账务人员	你和我	兼职首席财务官	首席财务官(哈佛商学院?)(小组)	财务主管
销售组织	无	全员聚焦销售	团队,代表	跨国公司
销售人员	见上文	高级管理层	销售经理	专业人士
运营部门	无	全体员工	团队	结构、程序
运营人员	见上文	第一个首席运营官	集成制造	外包
市场营销	原始 假设	验证	正式的,贸易展览	顾问,全球
营销人员	顾问	兼职首席市场官	贸易展览会、文献资料	专业人士
技术	原始的,研发	捆电线,工作	工装,转速控制	自动化,中国?
技术人员	麻省理工学院伍斯特理工学院等	团队	实验室,研发管理	副总裁
行政	无	办公室经理	正式组织	副总裁
行政人员	见上文	小员工(团队)	人力资源、采购部	副总裁

当我在咨询工作中遇到初创团队时，我要求管理者完成一张如表9-1所示的表格，并尝试确定他们在每种职能演变过程中的位置和成熟度。这组观察结果通常非常具有吸引力，因为初创团队规模很小，所以团队成员通常可以提出更一致的观点。

为了说明这一点，我们不妨来看看会计职能。在开始阶段，由团队成员执行简单的 Excel 模型就足够了。但之后，由于维持业务所需事务的数量和复杂性，团队就需要使用像 Intuit 的 QuickBooks 这样的软件包。事实上，团队可以通过培训人员、聘请顾问、利用在线服务等方式进行预测。在外部投资者中有一种令人特别不安的情况要告知创业团队：他们还没有足够的经验来发展公司，要么会在投资条款和条件允许的情况下解散团队（或开除个人），要么会把他们调到不太重要的岗位。不过，上述任何情况都是可以避免的。除了初创公司的激情和组织灵活性，很少有组织或个人愿意待在这种脆弱和不稳定的状态。在这里，个人成长变得重要且有价值。

法律结构

在商业化进程的早期，需要制定某些组织决策。一个重要的问题是了解哪种公司模式最适合项目。一般来说，这项决策的细微差别复杂到仍然停留在法律层面。虽然这一术语很宽泛，但创建公司的一种简单组建形式却是最常见的，即使是合并也有多种途径。从州备案层面来看，公司注册的细节上也可能存在差异，不过都有以下要求：

（1）商业目的：这包括一般性陈述和详细定义。

（2）公司名称：包括法人等标识符。

（3）注册代理人：包括此人的实际地址。

（4）创办人：实际提交公司注册文件的人（通常是律师）。

（5）每股价值：通常是一个虚构的价值，比如每股 1 美元。

（6）备案时的授权股票数量：在马萨诸塞州，虽然股票发行数量没有要求，但申请费却是有规定的。

我们今天所知的公司概念源于拉丁文中的"主体"一词，意思是"人民团体"。该意义在英国法律中更为普遍。英国法律规定,授予某些贸易商皇家特许状以保护他们的商业领土,并允许他们成立应税实体。根据《公司法剖析》①,创建现代公司形式的真正推动力是发生于19世纪中期的工业革命,因为当时对商业结构的需求超过了政府发布皇家特许状的能力。

现代公司有多种形式,一般来说,它们具有某些特性,在商业项目进程中发挥着重要作用。以下列举部分:

(1) 公司具有独立的法人身份。它与所有者的资产相分离,可以独立于所有权而进行贸易、签订合同并接受融资。

(2) 与此相一致的是,它可以在公开股票交易市场出售股票并参与私募股权发行。

(3) 它允许由一个独立的董事会进行管理,并将经营权下放给管理层。

(4) 允许有序清算资产和股权。个人可以通过变更所有权继续就业。

(5) 它可以获得某些个人无法享受的税收优惠。

在"注册公司"一词中,有许多细微差别值得考虑,主要体现在税收、政府、股东报告以及所有权范围属性等方面。一些常见的类型包括有限责任公司、独资企业和合伙企业,每种类型都有其优点和局限性。例如,有限责任公司可以避免对公司利润和股东个人红利的双重征税,但它将股东人数限制在75人,这可能会限制该组织筹集资金的能力。因此,有限责任公司模式不适用于银行和投资银行机构。

此外,在第C章和第S章的文件中还涉及了税收方面的内容,重点是股票收益分配和参股/债务权利的纳税义务。我们很想描述两者之间的区别,但税收、法律和所有权属性的具体组合掌握在法律和会计等专业人士手中,他们建议叠加商业化或市场动态。

机制

除了考虑法律和税务方面外,还需要考虑组织运作策略。如何做出

---

① Reinier Kraakman, John Armour, Paul Pavies Krashum, et al., Oxford University Press, 2004.

决策？资本如何分配？报告功能如何运作？预算或时间表如何安排？这些选项在一系列层次模型中都得到了最佳体现，不过这些模型都被视为具有功能性、产品/技术和市场驱动的特点。接下来我们将在以下各部分逐一讨论。

功能选择

功能模型是最盛行的一种组织结构形式，这种层级式结构从董事会发出指示开始，由首席执行官运作，主要依赖职能报告中的报告结构，比如首席运营官（COO）、首席财务官（CFO）、首席营销官（CMO）等。由于这些头衔的特点，管理层也被称为"C"级。不过，在其他情况中，这些人也被称为副总裁，不再使用"C"级术语。如今，IBM与许多其他大型组织共同制定了"六个规则"，即组织结构的每个层级只允许存在六个报告结构。某职能组织的结构如图9-1所示。

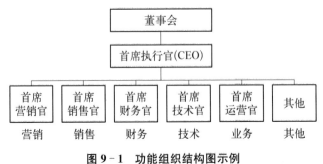

图9-1 功能组织结构图示例

虽然这是组织结构图的通用版本，但它的确反映了"六个规则"，即组织报告模型优化了六个报告结构。而"其他"领域也反映了这些模型必须适应每个组织的需要。例如，如果他们是一个制药医疗设备项目，就需要显示C级的监管职位。同样地，如果是一个跨国组织，那么它可能需要扮演C级的国际管理角色。

这种模式的优点就在于可以体现专业化的深度。譬如，可以将技能和经验结合起来产生更高效的操作。另外，在这种模式下，生产力也得以衡量和提升，我认为这就是该模式如此受欢迎的原因。这种模式的优点在组织的初创阶段尤其明显，因为初创阶段的"板凳效应"往往是有限的。但这种模式并非没有缺点，它也需要高层的管理技能来确保目标的明确性，并努力保持职能领域的分离。所以，协调是一项额外的责任，以避免"筒仓"心理的风险，即群体之间不协调。幸运的是，这两个风险因素都是可控的。

图9-1展示了一个完整且完全成熟的组织结构，不过现实中鲜有这类组织结构。人事变动、招聘挑战、预算以及最重要的增长阶段都会在这种组织结构中得以体现。早期的组织以非正式形式发展起来，因此缺乏结构。但是随着经济的增长，人们越来越需要更正式的模型。其他模型如下所述。

产品导向组织结构

组织结构有许多不同的形式，但一个常见的变化模型就是产品导向的部门模型。通常情况下，客户类别或产品属性决定了这种模型的选择。通用汽车公司的车型就是一个典型案例，包括旗下品牌雪佛兰、庞蒂亚克和凯迪拉克等，其中每个品牌都有自己的财务、营销、销售和生产部门。这种模型的一个显著优势就在于能够创建强大又独特的产品标识。人们不禁要问，随着各部门职能角色的发展，产品效率和生产力会出现什么问题呢？示例模型如图9-2所示。

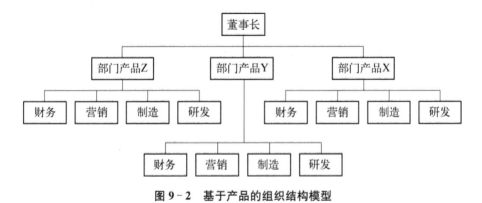

图9-2 基于产品的组织结构模型

可能有人会说,所有的汽车都有轮胎、收音机、引擎等等。然而,对于营销人员来说他们可能会扩大差异化产品线的需求,以满足不同客户的需求。不过当然,这两种方法都还有更多的变化空间。

其他组织结构

与其说组织结构设计是一门科学,倒不如说是一门艺术。组织的形成可能是由自身强大的个性、行业风气抑或是市场驱动力决定的,但无论哪种都有自己的特性,都是由各自公司的成熟度或项目发展情况所控。矩阵式组织是近年来比较流行的组织结构,它是在跨职能方面进行的划分。如今的组织结构有一种向扁平化发展的趋势,在这种组织结构下,许多官僚和等级的影响将被削弱,而项目需求才是控制决策过程的最大因素。商业化的成功应该是模式创新和变革领域的决定性依据,虽然组织变革本身具有破坏性,但模型的改变其实也会受到来自客户和市场需求的压力,当然,还有来自模型发展方面的压力。

IBM在2006年开发刀片服务器平台时采用了一种替代方法。查尔斯·斯诺(Charles Snow)、奥伊斯坦·费杰尔德斯塔德(Oystein Fjelderstad)等人在提交给《产品创新杂志》①(Journal of Product Innovation)的一篇论文《组织持续的产品开发和商业化:企业的协作社区》中,探究了刀片服务器产品系统的开发,以及IBM在项目早期是如何邀请多家公司的。在这样做时,他们承认需要其他公司的帮助将技术推向市场,也可以使最终的项目更快地推向市场。他们还指出,此项技术的市场预测有些不稳定,该模型是在其他致力于该技术成功并被接受的组织中建立起来的。斯诺等人也承认在实际操作中会存在隐性冲突和沟通问题,但他们认为,IBM就像一个强大的中心源,会锚定并解决这些问题。

---

① Journal of Product Innovation Management 28(2011):3-16.

前进

尽管在为特定项目或初创团队选择要实施的特定组织模型时会花费大量的时间和精力，但仍会有几个主题可能会影响讨论，这些主题包括以下内容。

组织生命周期所处阶段。在实体的初创阶段中有一种特定的非正式感，即工作内容不固定、任务分配灵活以及能满足整个团队的时域压力和项目截止日期。在这一阶段中，实体中的技术能力会得到奖励（受到重视），治理和绩效指标居于次要位置。由于各组织部分努力控制宝贵资本，因此薪酬也没有正式的规定，通常还会低于市场薪资水平。团队成员的个性和贡献成为这一阶段的重要特征，甚至有一些人在这个领域"茁壮成长"，不再适合成熟组织的需要。

随着项目的推进，个性的数量增加，成长模式开始浮出水面——职能团队出现，非正式工作的岗位说明被人们使用，有凝聚力的薪酬程序开始生效。早期阶段，除了技术能力至关重要之外，领导能力和沟通能力的重要性也在提高。外部资源，包括顾问和其他服务提供商，也开始成为团队中的一部分。虽然不是所有的个体在初创阶段都适合走这条路，但培训、顾问和导师指导的注入确实能在一定程度上帮助他们。

成熟阶段是随着人力资源专业人士的专业划分、职位描述和更正式的绩效评估的出现而进入的。有时，外部压力（如财务报告）和监管需求（如合规报告）决定了这些变化发生的时机。当然，客户需求仍然是一个需要高度优先考虑的事项，客户订单履行和售后支持等功能也被纳入考虑范围之内。

发现、激励并留住人才

随着个体数量的增加，个体之间的互动也就变得正式起来。因此，无论是在范围上还是复杂性上，获取这些资源的需求都有所增加。现在，职业招聘人员(即猎头)、招聘会和员工推荐计划在挖掘人才方面都发挥着重要作用。不过寻找人才的挑战会随着项目的发展而出现变化。在公司的早期发展阶段,寻找人才主要依赖网络和非正式联系,而随着公司的发展,满足他们的需求和过程就变得更加结构化了。

无论流程有多正式或多结构化,一个有用的点就在于清晰地描述工作内容。其重要之处在于:

(1) 确定基本工作范围和职责。流程变成了一个隐性的合同,约定要完成的任务及其交付物,还划清了允许人们了解如何相互作用的界限。

(2) 成为评审和绩效衡量的衡量点。

(3) 明确向上和向下的报告责任。

(4) 协助他人(如招聘人员和外部人员)寻找并获得所需人才。

(5) 可塑性强,可以随着项目的进展进行审查和更改。

(6) 可以在整个组织中使用(从董事会成员到小时工)。

(7) 定义成功所需的经验和技能,设置培训指标。

(8) 允许与行业趋势(调查)和其他可比指标进行比较。

(9) 成为早期项目中的"救命稻草",以获取未填充位置的信息。这在编写和执行业务计划时特别有用,因为这些计划虽然明确了未来的需求,但并未予以满足。

指明工作内容的纪律性几乎没有什么坏处,就算有的话,也是非常少的。获取人才是平衡发展的一个重要方面,激励个人按照项目或组织的需求进行协调成为商业化成功的重要门槛。关于团队和团队合作的文章很多,海伦·凯勒(Helen Keller)有句话叫"我们单独可以做的很少,我们一起可以做的很多",这句话充分体现了团队合作的重要性。

适用于商业化的团队要素包括:

(1) 提供协作机会,使不同学科之间的协作对项目的结果产生影响,这样就可以在不借助母公司的情况下取得项目的进展。

(2) 允许发生变化和过渡,因为各种协作参与者都与结果存在"利害关系"。

(3) 可以为特定任务整合独特性能指标。

（4）尽管为必须受到管理的冲突提供了新机会，但也允许尽早打破潜在障碍。

（5）为学员提供发展领导技能的新机会。

（6）细节管理少于母公司，这提供了一个绩效管理的力度，方便更早地标记问题。

（7）在团队中开发现有团队之间的沟通新渠道。

（8）允许个人维护现有组织中没有提供的职责。

平衡指标

勾勒出各种各样的组织方案并不容易，你必须说明如何将操作任务集成到母公司中。这不仅仅是空间和组织管理能力（人力资源、维护和福利）的运营问题，还涉及将它们整合到母公司的问题。

最盛行的衡量工具包括运营预算，这源于前面章节中引用的总体规划工作。在运营预算中，费用和资本投资的金额通常以月为单位进行列报，而这种金额主要对人员、设备、服务，甚至外部资源进行描述，如设计公司和顾问。如果做得好的话，预算的类别将与母公司的会计系统保持一致，这样就可以将它们集成到整个公司的指标中。

创新和创新过程是否可以衡量？答案是肯定的，因为里程碑、生产力、目标和支出等间接指标是可以被监控和分析的。虽然它们是间接指标，但确实提供了一个衡量感知进程的工具。如果没有达到这个水平，往往会陷入混乱和财政超支的困境中。这些间接指标还允许项目方法之间进行比较，而简单的百分比比较通常就足以监控进度。这种评估方式还考虑到了意外障碍发生时的情况，预算分配就可以说明如何转移资源以满足这些意外需求。

创造环境

组织动力学当然包括结构、财务、指标，以及发现、激励和留住人才的技巧。但在团队之外,如何运作团队有一种更微妙和更具控制力的力量。无论是在大型企业还是初创企业,控制工作场所甚至真正获得客户的技巧都是至关重要的。除了启动项目时比较有斗志之外,在日常活动中仍旧保持创新或创业心态也是一个很大的挑战。

有很多战术因素都可以帮助保持创新或创业状态。公开会议、分享公司进展和问题、奖励冒险以及鼓励创新型参与者只是其战术的一小部分,即便是周五的酒会也很管用。公司福利和兼职教学等经济激励也都属于这一类。此外,优秀的领导风格和以员工为中心的工作模式也属于这一战术策略。故此,我怀疑大多数成功的模式都是战术和艺术的结合。

总结

组织团队模型的选择和实施显然会影响项目或新企业的结果,就像艺术家的作品,要经常受到审查,不断地修补。关注绩效目标、行动计划和衡量进度的指标就是这项活动的管理人员的工作内容,每一个要素都有助于整体项目的成功。

成功当然是可以衡量的。在下一章中,首先,我将带你了解财务决策过程的运作方式,并将大型组织模型和初创企业进行比较。其次,我们将从早期风险支持项目到投资银行和公共市场决策领域考察外部资本决策的作用。最后,我们也会仔细考虑政府和基金补助等非稀释性资金的作用。以上这些将会带我们了解到它们对技术商业化项目成功率的影响。

第十章

投资回报率：这合理吗？

当机会近在眼前，计划已经就位，你就能够获得资金，也可以组建合适的团队，这时你应该全速前进吗？不，你该后退一步，并评估整个项目。当把企业目标、现金流的内部收益率、组织资产负债表和资本成本等因素考虑在内，贸然前进是否仍有意义？最终，是否前进需要确保所有这些因素合理化。在许多情况下，你还需把公司董事会、管理模式以及项目决策过程等因素考虑在内。本章将提供一个方法来决定是否毅然向前。

现在我们知道在技术商业化的决策过程中存在诸多影响因素，例如市场驱动需求、创新创造能力、灵活且适应性强的坚实组织模式、细节规划和绩效监控等，这些因素无疑都很重要。其中，资金的作用尤为关键，因为项目需要资金来推动，它就像是驱动引擎的燃料，可以用精益化的方式或可利用的重要资源来评估。

资金的来源多种多样，既有公司的内部资金，也有天使投资和风险投资集团牵头的正规投资资金，还有公共资金。这些资金来源在优先权、决策过程以及对结果的影响方面都有各自的特点。我们先来看看这些资金来源的一些备选方案及其投资目标，大致可以把它们分为三大类。

创业初期资产

针对成立初期的独立公司有三个子类，第一类被称为FFF（Friends，

Family, and Fools;朋友、家人和傻瓜),"傻瓜"类是指在项目尚未被认定为可投资的实体便开始投资的人。这类投资是基于直觉或情感,而非基于审慎和专业的审查。由于处于投资周期的早期,"傻瓜"也需要巨大的回报来弥补投资的时间损耗。该类投资的另一种形式是自筹资金或"自我投资"的项目,这类实体公司十分自由,可以摆脱正式轮次投资的苛刻条款的约束。如果是一个资本密集型项目,这种投资形式就会受限于企业家的"财力",交易结构也会更加随意,甚至可能通过简单的合作关系就能实现。

天使投资

第二类的早期资本注入是更结构化的投资,主要有天使投资和风险投资。大约40年前,新罕布什尔大学(University of New Hampshire)的比尔·韦策尔(Bill Wetzel)教授首次提出天使投资的概念。比尔对住在新罕布什尔州的富人是如何以个人资金进行早期风险投资这一问题很感兴趣。他指出,如果他们以团体资金进行投资将会更加高效。很多投资个体都很独立,他们对团队合作并不感兴趣。如今,这类投资者已经发展壮大,并形成了一个全国性的"贸易"协会——天使资本协会(ACA),该协会在美国各地有187个分会,仅在新英格兰地区就有32个[①]。这些投资者在国家和地区会议上讨论行业动态、最佳案例,甚至设法达成项目交易。天使投资者投资他们自己的基金,即使是分布在不同地区的有限责任公司,回报则是根据个人投资份额来衡量的,他们投资的动机很广泛,还包含"回报"的需求,以及严格的投资标准。

天使会议的机制很值得关注,因为这一机制可以让我们更加深入地了解投资决策过程。天使投资源于利己主义下的个人决策,随着潜在的项目流程从早期的韦策尔(Wetzel)观察中增加,出现了更规范的方法。虽然天使投资协会的成员各不相同,但有时这些团体会在行业、投资规模

---

① www.angelcaptalassociation.org.

和成长阶段方面形成一种"个性",决定他们喜欢哪种类型的交易。以波士顿的普通天使协会为例,他们主要关注"软件、互联网、数字媒体和云系统,从种子到 A 轮"①。对于该范围外的项目,不管是否具备价值都一律驳回。这一做法很重要,因为它传递了该投资群体的投资理念。

活跃的天使团体一般有 50—75 名成员,这个规模可以有完善独立的内部委员会结构。以筛选委员会为例,其任务是将一个小组在一个月内收到的大约 20 个项目削减到 1—2 个来公开展示。委员会的筛选重点是他们作为潜在投资项目的价值以及是否符合集团利益,符合者会被优先推荐。如果一个成员或已知的服务供应商被确定为线索来源,其便具有筛选优先权。大多数组织会为第一次接触提前在互联网上搜索信息。除了政治影响外,我推断这也证实了该交易符合协会的价值观。这种二元性如图 10-1 所示。

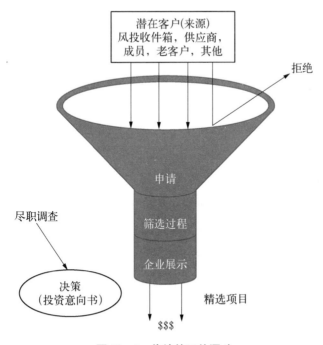

图 10-1　传统的天使漏斗

---

① http://commonangels.com/.

当给定项目通过审查达成一致时,将会以某种正式的形式(通常以幻灯片形式)呈现给全体成员——通常按月举行会议。展示的一种选择是以个人投资者陈述自己的投资利益为重点,"我加入"就是一个常用语。另一种选择是尴尬的沉默,看过美国广播公司(ABC)创智赢家(Shark Tank)节目的人可能会认同这种观点。如果有足够多的人购买(记住,在天使投资中这是一种个人决定),该项目将进入尽职调查委员会程序。

"尽职调查"指的是调查重要事实的过程,即律师对给定项目的陈述和保证。该过程源于1933年的美国证券法(U.S. Securities Act),根据该法案,股票经纪人在出售股票时必须核对信息的真实性,尤其针对那些可能对某项投资的风险因素缺乏足够了解的潜在投资者。在《反海外腐败法》(FCPA)中也有相应的国际法律规定。随着全球贸易日益增长,这一规定变得更为相关。

尽职调查结束之后,会向全体会员提交一份正式的(通常是书面的)报告,并附有建议。该报告的一个重要组成部分是在提交给演讲人的小组提案中附上术语表的建议大纲。这份文件还设定了发行的基本参数。这是一系列文件的正式格式,包括意向书(LOI)和谅解备忘录(MOU)。他们确定了协议的意图,提出了大纲并承诺解决未来的细节问题。美国风险投资协会(NVCA)在其网页上保留着一个通用交易文件模板目录(见 www.NVCA.org),其中包括通用股权投资意向书这一文件:

(1)募集金额及完成交易的时间。

(2)每股价格,这是资金和权益的交集。这在很多方面是项目当前和长期(3—5年)感知价值的核心。有时用公司权益总额(所有权)的百分比来表示,这是一种用普通股兑现的方式。对于持有50%或以下的股权以及控制权,存在着严重的误解。如果投资者的问题依赖于参与者的财务状况,这意味着还有更棘手的问题。在投资意向书的后半部分,还对更棘手的控制和报告问题进行了定义。你是想拥有一家资金充足且持续经营企业的10%的股权,还是想拥有一家摇摇欲坠企业的90%的股权,这一争论是相当明显的。公认价值和随之而来的财富创造取决于持有的股票数量以及它们的感知价值。如果这些还不够复杂的话,它还涉及各种各样的股票所有权,如"优先股",其所有者拥有清算优先权和优先投票权。

(3) 在优先股持有者所享有的优先权中,有一种邪恶的工具——"清算优先权",它被发明用来确保投资者能够首先从交易中"套现"。它是这样操作的:如果一家公司以 30% 的股权获得 1 000 万美元的风险投资,并以 2 500 万美元的价格出售。如果按 X 股比例分配的话,投资者能获得 750 万美元的收益;但如果按照清算优先权条款分配的话,投资者可以获得 1 000 万美元的收益。这被称作 IX 清算优先权。如果乘数是 2.5,他们将得到全额 2 500 万美元!在 2014 年 3 月 8 日的《商业内幕》(Business Insider)中,作者尼古拉斯·卡尔森(Nicholas Carlson)称这是一场"恐怖秀"。我认为他的描述有些轻描淡写,但在资本投资的世界里,清算优先权的概念似乎是不可协商的,将投资者作为这笔交易的合作伙伴似乎也有些牵强。

(4) 投资意向书还有其他条款,如反稀释条款,在某些情况下可以用于保护投资者发行股票以筹集后续资本。在出售公司甚至筹集额外资金的决策中都有投票权,这些通常被称为"登记权"。1933 年《证券法》第 144 条规定,投资者的股份可以通过允许公开出售的方式进行"登记"。实际上,它允许投资者以他们中意的价格出售公司——这一点还存在争议。此外,他们还享有参与权,在董事会中有投票权,并有权终止对 CEO 的聘用。

(5) 之前引用的美国风险投资协会模板表明,投资意向书的内容和格式在某种程度上是固定模板。这或许在某种程度上是正确的,但也表明制定条款显然是公司律师的范畴,还表明这些术语的定义在某种程度上偏向于投资者。扎实的管理以及目标的如期实现,使投资者随意援引繁重的条款,实在算是一种荒谬的行为。

以投资意向书作担保后,先是要向投资方发出邀约,接下来对条款和股价进行谈判,再进一步行动的细节和计划也要敲定。另外,天使投资者必须声明他们是合格的投资者。根据 SEC 的 D 条例,合格投资者应具备以下条件:收入为 20 万美元,净资产超过 100 万美元,旨在确保投资者有足够的经验和实力进行高风险的投资。2010 年的多德-弗兰克法案

(Dodd-Frank Act)试图将主要住宅排除在 100 万美元的计算范围之外,而政府会计办公室(GAO)则力争将净资产的标准提高到 250 万美元,收入提高到 30 万美元。这些提议将有助于管控不合格投资者风险,不过也会限制潜在投资者的数量。

在该步骤中,挑选一名指定的首席董事会成员是非常重要的,这个人不仅是董事会成员,还代表着投资者群体的声音,而投资者成员还承担着向投资组报告的责任。这个过程的形式会随着投资组合的规模和发展历程而有所不同。为进一步阐释该过程,对天使投资过程与更高级风险投资家进行比较是卓有成效的。要更清晰地了解这种对比,请参见图 10-2。

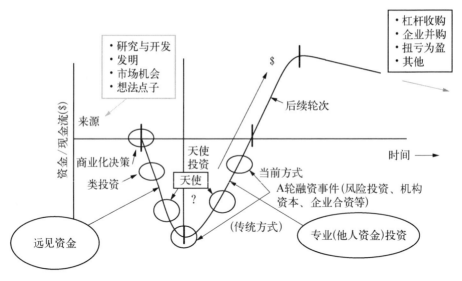

图 10-2 商业化周期

机构投资,风险投资

1945 年,乔治·多里奥(Georges Doriot,后被称为"风险投资之父")在波士顿创立了美国第一家风险投资公司。该公司名为"美国研究与开发公司"(American Research and Development),这一事实在题为《创造性资本：乔治·多里奥与风险资本的诞生》①一书中有所提及。卡尔·康普顿（Karl Compton）（麻省理工学院前校长）和商人拉尔夫·弗兰德斯（Ralph Flanders）也是该公司的联合创始人。多里奥的投资方式与众不同，通常是投资资金由他人（有限合伙人）提供，而具体投资方式由他控制，这一方式在他1957年向数字设备公司（Digital Equipment Corporation）投资7.5万美元时得到了证实。1968年，该公司以3.55亿美元的价格首次公开募股，内部收益率为101%。从此，一个以硅谷、加州和波士顿为中心的新风险投资产业就诞生了。多里奥出生于巴黎，后来到美国哈佛商学院就读，之后成为一名教授，他以精辟的语录而闻名。我最喜欢他的一句话是，"没有行动，世界将只是一个想法"。他还认为，扩大投资的作用应该是"培育"项目，而不仅仅是金融机制。不幸的是，这一次要角色在现代风投行业中已不再是重点，它开始逐渐以交易为导向。

对比

天使投资和风险投资是早期独立企业的主要资金来源。他们尽管都专注于早期阶段的项目，但两者之间的差异很大，资本来源的不同就是其显著的差别。天使投资是投资者的私人资金，通常情况下，它是投资人在先前风险投资中的收益，由投资者个人控制。这一点很重要，因为它允许决策过程有更广泛的议程。我是罗德岛樱桃石天使基金集团的联合创始人。在该基金中，我们对决策的"其他"方面非常感兴趣，以至于我们在每次投资时都会调查相关人员，以便于了解他们做出特定投资的动机，而不仅仅考虑投资回报率。

调查结果很有趣，有人"希望回馈社会"，有人则希望帮助罗德岛的经济实现增长。有时，这种次要的"议程"有助于鼓励个人投资者充当导师的角色，甚至可能使其加入新企业的董事会中。有时他们的加入更有策略性，包括行业联系和客户介绍。天使投资人和风险投资人之间的正式

---

① Spencer E. Ante. Harvard Business School Press, 2008.

投资或股权互动有些相似,因为他们都采用类似的投资意向书作为投资计划的一部分。

有一种观点认为,天使投资集团从维持由集团领导层管理的 SideCar 基金中受益。理论上讲,这种结构允许后续资金的应用,不受个人投资决策过程波动的影响,更接近项目的资金需求动态。

SideCar 基金经纪公司由 SideCar 天使投资团体建立,后者则由美国韦尔斯利朗企派天使基金集团的里克·卢卡什(Rick Lucash)和杰夫·斯特勒(Jeff Stoler)共同创立。考夫曼基金会资助的天使资源研究所(Angel Resource Institute)引用了"普通天使""休斯顿天使"和"黄金种子天使"作为拥有这些基金的天使团体的例子。这些基金的管理不同于个人决策,而是更接近于风险资本管理的基金。这种混合模式被吹捧为是很有效的,但并没有找到足够的数据来证明它们在投资周期中的整体有效性。天使资源研究所的数据显示,大约 20% 的天使集团使用这种 SideCar 结构。

风险投资比天使投资更加结构化,往往出现在新企业生命周期的后期阶段。风险集团内部的"基金"是根据有限合伙人的建议创建的,将一小部分投资组合投向高风险/高增长的养老基金领域有助于提升其整体投资组合的表现。1974 年的《就业退休收入保障法》(ERISA)为养老基金的参与奠定了基础。加州公务员退休基金(California Public Employees Retirement System)就是一个很好的例子。20 世纪 70 年代,一些大型公司出现并成为该行业的思想领袖,如加利福尼亚州硅谷的凯鹏华盈(Kleiner Perkins)和波士顿的格雷洛克(Greylock)。此外,国家风险投资协会成立于 1974 年,它成为信息的最终来源和传播信息的最佳实践参与机构。

直到 2000 年 3 月,也就是声名狼藉的"互联网泡沫"崩溃之前,风险投资在 40 余年的时间里都是一个"成长型行业"。太多的交易聚焦于软指标,如"眼神交流"和"用户黏性"。对长期价值主张的关注偏离了焦点,投资交易行业衰退,导致基金价值大幅缩水,如果继续下去的话,低风险和更成熟的交易将会获得风险基金的注意力和投资优先权。

以计算机磁盘驱动器行业为例,在20世纪70年代,有35家国内制造企业得到了风险投资业的投资,其中4家可以满足市场对产品的需求①。今天,只剩下4家主要供应商,其他公司要么失败了,要么合并了,或者干脆半途而废了。引用克莱顿·克里斯坦森的更为犀利的观点,在风险投资的推动下,这个行业根本无法快速适应技术变革。不管是什么原因,很明显,人们在当时投入了太多资金追求不良交易。

在生命周期模型中,风投行业和投资银行的角色之间存在模糊地带。"网络"公司失败,风投公司从早期交易中撤退,并将早期交易的资金需求抛之脑后。

如果天使行业没有成长起来取代早期阶段的融资的话,人们会思考新的、高增长的潜在项目资金从何而来。"网络公司"投资组合模型的巨大影响如图10-3所示。这幅纳斯达克综合指数的图表显示,该指数充斥着大量科技股,这些股票的股价快速上涨和下跌,更重要的是反映出风险投资方面发生的战略变化。它倾向于风险较小的后期交易。

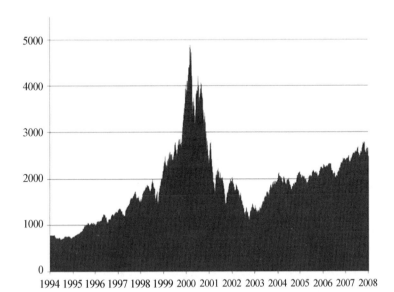

图10-3　风险投资领域的"互联网"泡沫及其破灭

---

①　Disk Trend Report,James Porter,1974.

这些公司拥有160万名会员,其1%—2%的资产投资于该类别,虽然比例很小,但资金量却相当可观,特别是它们在任何时候都管理多个基金。多基金模式的影响在于,所创建的单个基金有5—7年的清算要求,这就决定了清算时间。或许更重要的是,这些基金由专业团队管理,而不只是由之前的天使投资个人来决定。团队成员往往具有行业经验,甚至可能在特定行业担任过行政领导。

重点在于投资回报率的组成部分,因为它们是有限合伙人参与的模式。这些交易的费用结构非常隐蔽,个体合伙人可以获得其投入交易的投资资本的几个百分点的"附带权益费",但该费用有一定的限制,即必须退还原始金额,并且必须保持一定的最低预期资本收益率。"附带权益"一词源于16世纪时的航运业,当时船长在运输某些产品时可以获得20%的利润。如今,它可以用来激励人们做出基于风险的投资决策,这实际上也是对投资结果的额外财政负担。

这些投资资本的主要来源明显不同。如今,每种来源在公司或项目的生命周期中都占有一席之地。在20世纪60年代早期,公司和项目的资本投资似乎都集中在初创企业上。在备受吹捧的"网络公司"泡沫破裂后,风险投资经历了一次战略转变,遭遇了巨大的损失和回调。如今,利用他人资金的风险投资似乎风险更大,但每笔交易却能赚更多钱。天使投资的决定是个人的,可以出现在周期的早期阶段,但重要的是要理解相对位置和决策指标。另一种观点如图10-4所示。

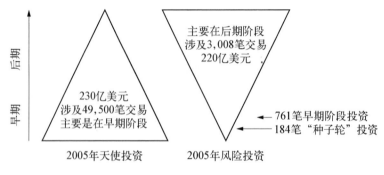

图10-4　风险投资和天使投资的融合

风险投资公司与天使投资公司的审查程序差异并不大,类似于漏斗模型。不过一个明显的不同是前者有一个正式的投资委员会,该委员会通常由公司的普通合伙人和高级合伙人组成,相当于天使投资公司的股东大会。他们有一份章程,确保基金的投资符合与提供基金的有限合伙人签订的协议。不同的是,这个决定围绕的是"别人"的钱,而天使投资的决定是在个人层面上做出的。这将风险投资决策过程与天使投资决策在直觉层面上做了划分。

需要注意的是,天使投资往往是在生命周期的早期进行,因此没有足够的事实和操作方面的信息来支持决策过程,需要更多的主观决策。如今,风险投资家们倾向于在生命周期后期进行更实质性的交易,这意味着他们还必须预设退出公开股票市场和并购活动的战略。这些条款结构实际上就预设了这样一种退出机制,并为以后的决策过程设置了规则。所有这些都预示着投资工具的有序运作。实际上,也有一些风险基金被称为"精品",它们专注于特定的和狭窄领域的早期交易。某些行业需要更长期、更大量的投资,如医疗产品和生物技术行业会更早地依赖于特定行业的风险投资公司。

更广泛的资源

美国风险投资协会(www.NVCA.org)数据显示,由风险投资支持的交易支撑了私营部门就业岗位的 11%,占 GDP 的 21%。正式的早期资本是新公司和风险投资形成的重要部分,但这并不是全部情况。在个人统计中,我确定了 20 多种资金来源,从个人信用卡到公共的、非稀释性的赠款和基金会支持,让我们来一起看看其中的两大领域。

第一类筹资选择是非稀释性注资,即资金被带到项目或新企业中,并未伴随资本的转移,从这个意义上说,它是极具吸引力的。另外,这种注资方式通常有可交付的书面报告、程序变更或工作原型模型。股权式融资拥有巨大的选择自由。但在赠款和替代性资金领域,情况或许不同,正印证了"天下没有免费的午餐"这句话。

某些领域会使用政府资金,如国家科学基金会(NSF)在生物技术和基础科学方面的资助以及研发资金。医学和生物领域的基础研究经费十分紧张,以至于只有政府的综合资源才可以在基础科学领域投资。在某些行业,有许多大胆的投资案例。例如,每年的汽车变革都需要大量的工具和技术费用支出,这只是汽车商业模式的一部分。

某些政府拨款尤其关注商业化。以小企业创新研究计划(SBIR)拨款的使用为例,该计划开始于1982年,致力于创新商业化,旨在帮助各政府机构获得所需的技术。美国国防部是最大的资助者,每年发放超过10亿美元的赠款。赠款会分阶段发放,开始阶段拨款一般为15万美元,为期6个月。后续阶段可能超过100万美元。小企业创新研究计划拨款有多种形式,比如小企业技术转让计划(STTR),它要求研究机构(至少30%的参与率)要与一个有能力将技术推向市场的公司进行合作。

慈善资金也是非稀释性资金的一个重要方面,以吉米基金(Jimmy Fund)为例,该基金通过达纳法伯癌症研究所(Dana-Farber Cancer Institute)发放研究经费,帮助和支持研发治愈癌症的方法。另外,其向商业合作伙伴发放许可证,可以帮助该技术找到实现商业现实的途径。

这些外部资金有一个共同特点:乐于合作。许多学术或研究团体可以整合资源,申请资助,并分享研究发现。非排他性许可模式可以通过个别应用程序将特定领域的应用商业化。

除了资本注入,还有税收抵免、贷款能源补偿激励措施,这些措施可以节约运营现金,但不一定能直接促进经济增长。

在非供资方面也有相关技术选择。例如,使用"绿鞋机制"发行的股票数量超过了公司已发行的股票数量,该机制是在公开发行股票(IPO)之前超额分配的股份。某些债务/股权的组合十分具有吸引力,比如"夹层融资",即使用较低的债务,然后将其转换为股权。此类工具可以作为融资的桥梁,并提供债务选择权。

第二类筹资选择可以被统称为"其他"。我曾经做过一次非正式的调查,发现了将近20个这样的筹资选择来源,其中包括个人信用卡的使用、不动产等个人财产的抵押贷款、非正规贷款或来自供应商和客户的预付款,以及商业计划竞赛的奖品。这类项目的难题在于资源通常不足以满足项目或新企业的长期需求,由于获得财政资源的时间十分宝贵,因此当务之急是将重点聚焦于更有活力的主要资源上。

这一类筹资选择属于母公司国债领域,就对资源的需求而言,同样具有相当大的内部竞争力。我们可以通过内部委员会文件和备忘录来传达对投资回报率和内部收益率的要求。利用内部资源的内部流程是由层级模型控制的,这些模型会一直过滤到董事会,以获取实质性的可观的资金。目前有很多备选方案可以通过吸收债务甚至流动股票来实现这一目标,进而获得资金,最后由财务主管做出"自制或外购"的决策。有时,这种资源可以从资助大型资本支出中受益,比如厂房和设备,甚至是企业并购活动,比如其他实体收购。

另一种极端情况下,初创公司不具备"雄厚财力"来扶持重大资本项目,即使是有些成功率高的大公司也不具备这种能力。在这种情况下,可以利用传统的方式筹集资金。

放在一起

本章并非旨在为新项目或创新项目提供所有可能的资金来源,而是强调资金的各种来源,让读者从每种类型的动机和目标的视角来看待问题。飞机在飞行途中燃料短缺时,引擎就会罢工,如果飞行员经过培训,便可以进行相应操作以降低燃料耗尽带来的风险。但企业家、创新者和后备团队却不是这样,对他们来说,大多数资产都可以购买,包括人员、技术,甚至市场。融资的结束便标志着项目的完成。从这个意义上说,飞机和飞行员训练的例子根本站不住脚。

每一种资金来源都有其独特的投资者决策动态、预期和责任,因此了解他们之间的细微差别就可以增加商业投资成功的概率。

一旦资金得到保障,项目或风险企业获得资金并启动,我们将会看到现代企业模式下的层层监管和政府限制。它们在复杂性、侵入性和对管理和企业资源的需求方面都是前所未有的。

了解市场

量化影响顾客购买产品或服务的环境的属性和动态研究是极具挑战性的,这一挑战对于商业化过程的最终成功至关重要,它可以指导分配完成项目目标所需的资源。你可以借助初步的市场评估和行动计划来实现它,这样做往往充满不确定性,以至于流程要么十分敷衍,要么完全忽略。

规划过程的首要含义就是如何参与负责生产产品的完整运营链,其中包括正式的规划过程、库存决策、采购策略、劳动力的扩张或收缩、资本设备的购买、工厂和促销活动等。这些功能领域的资源配置对现金流的影响十分重要,运营链的方向取决于市场驱动的计划,它是整个规划流程的核心。

市场评估的一个重要属性在于它能够划分细分市场的维度。正如前面所引用的通用汽车案例,相同类型的产品(汽车和卡车)可以用来满足人口和社会经济细分市场的多样需求。有时候,这种改变可能只是外观美化,比如车身风格的变化;有时候,则是更实质性的改变,如传动系统或配件套件内提供的产品线。

这当然是一个易衡量的属性,这些信息可以直接用于产品设计和营销策略领域,还可以保证项目获得盈利能力和竞争力,也可以选择使之足够稳定以产生积极的结果。常见的做法是设置各种属性的矩阵,并使用该矩阵通过对项目排序来定义进入市场的最佳路径。

以高性能半导体芯片制造商为例,新一代处理器的加工既昂贵又耗时,市场状况的变化比设计过程所允许的速度更快。芯片设计者赋予芯片结构一系列功能,当外部市场和竞争发生变化时,他们只启动产品的一部分。这样衡量的一个微妙好处在于它有利于留住客户,因为它有助于识别有利于客户忠诚度和持续使用品牌知名度的特征。

决策指标

管理层具有决定一个项目(或公司)是否继续商业化的最终责任,这

适用于初创公司和现有组织内的持续性项目。要做出一个好的决策,需要成功地植入三个活动,它们包括以下内容:

目标

在体育活动中,获胜除了与明确目标之间有着明显的联系,还需要规则手册(甚至裁判)。在商业化的背景下,由清晰简明的目标驱动的项目或公司,与那些沟通不足的项目或公司相比,具有显著优势。目标越清晰,越能改进关于项目选择、资本支出和潜在盈利能力的决策。没有明确的目标或愿景,决策可能会产生冲突,或只能做出次优的决策。有时这些目标可以用财务指标表示,其他时候则表现为市场渗透率或品牌忠诚度,如顾客忠诚度和重复销售。

计算机驱动的数据是帮助我们生成大量有关市场、金融和运营的信息。如果深入探讨这一点,那就是在销售和市场营销领域。这些功能构成了模型,而数字信息则有助于指导实现这些模型所需的资源分配。模型将根据广告支出或所需的销售人员数量来完成目标,这反过来又产生了吸收这些数据和学习如何利用这些信息做出决策的新需求。目前出现的新工具可以更好地分析和针对目标的基准测试。

一种常见的工具是"平衡计分卡",由哈佛商学院的罗伯特·卡普兰博士和接受过伍斯特理工学院培训的管理顾问大卫·诺顿发明。在1996年《哈佛商业评论》一篇题为《平衡计分卡:将战略转化为行动》的文章中指出:

"平衡计分卡保留了传统的财务指标,反映了过去的案例。在那个时代,长期资本支出和客户关系的投资并不是成功的关键。在信息时代,这些措施通过对客户、供应商、员工、流程、技术和创新的投资,还不足以指导和评估公司创造未来价值。"

平衡记分卡从学习、商业实践、客户和财务等四个视角来进行评估。更重要的是,它可以描绘学习和成长的变化。这些特点可以直接应用于实现客户满意和市场渗透的营销功能。

进行决策

在当前世界,我们比以往任何时候都可能产生更多的数据和信息。我们只需点击一下按钮,就能获得信息来源,这在以前的决策模式中是难以想象的。如今,强大的搜索引擎(如谷歌)和新的数据挖掘技术已经能发掘出比以往更高质量的新数据。在全球竞争和资源日益减少的现代世界中,对信息的搜索遍及全球各个角落。

随着数据的丰富,我们需要提高解释数据及利用信息做出决策的能力,从而达到一个决策的新高度。此外,技术变革速度不断加快,产品生命周期不断缩短,在互联网和手持技术的推动下,市场变得更加灵活。在所有这些方面,作为决策基础的首要原则比以前更加重要,让我们来看一些基本原理:

(1)坚持愿景管理。做出合理决策的关键可能是在公司或项目级决策中将其与企业的总体目标或愿景进行比较,在大型资本投资问题中尤为如此,这些问题的影响可能是经年累月的,甚至超出了初始决策的生命周期动态。例如,在产品销售中,售后边际贡献远远超过最初的销售交易。此外,愿景不再是一个静态的声明,而是根据时代和市场变化的动态解决方案。首席执行官和董事会之间的动态交流对于激发愿景管理活力负有最终责任。

(2)货币约束。"资本成本"成为项目决策过程的一个基本要素。在内部资金的使用上,竞争不断。内部收益率的计算使其合理化,保持新投资之间的收益竞争能够维持当前的投资状态。资本成本表示必须满足或超过的回报阈值。

(3)外部融资成本由债务利率和股权融资的资产负债表控制。

(4)这些变量受行业或市场定位的影响。与互联网软件企业相比,创建一个新的钢铁厂需要大量的资金,在这种趋势的影响下,人们有时就会倾向于成本较低的资本项目。

(5)人力资源方面的考虑。由于分配给市场成功的团队而导致项目失败的案例不胜枚举。界定所需的工作技能可能比其他考虑因素更重要。找到合适的人,激励他们成功,并提供适当的资源,以使他们履行自己的责任是至关重要的。

（6）技术/知识产权。或许一个项目中比较不稳定的方面就是技术。最重要的问题是,技术是否足够成熟以维持商业化？是否经过验证？材料和零件是否有多种来源,又是否可以复制？是独一无二的吗？是可以扩展到多个产品生命周期的"平台"吗？它可以适用知识产权的保护吗？如果可以,保护的力度有多大？在产品发布后纠正这些问题可能会花费大量的资金、时间和声誉,例如政府监管下的汽车召回。

市场和外部竞争力量

显然,将项目商业化的决定并不是凭空产生的,而是受到了机遇和不断变化的市场动态的制约和激励。竞争产品的变化、监管环境的变化、技术的变化和全球影响力的变化只是这些力量中的一小部分。传统的营销工具,如 SWOT 分析,潜在客户调查和一般的组织意识是这些变化的最佳缓解手段。

根据目标提高整体绩效的决策和干预水平

尽管围绕着决策过程似乎有无数的影响因素和不断变化的动态条件,但我们仍然要决定是否向前发展。历史上,像埃里希·莱曼（Erich Lehmann）这样的统计学家提出了诸如霍奇斯-莱曼估计（Hodges-Lehmann estimator）之类的定理,试图找到一个统计中值。同样,数据发现工具和伯努利的圣彼得堡定理（Bernoulli's St Petersburg Theorem）试图找到非例外的数据,使这些决策合理化。

本节的内在前提是,通过坚持组织的中心目标和使命来实现最佳结果。这样就可以连贯地利用资源及其分配,并提高成功的概率。此外,它还使得愿景声明有了动态反馈,这将使其与不断变化的外部决策保持一致。

第十一章

老大哥与全球竞争

　　毫无疑问,政府对商业化的影响巨大。政府部门采取了一系列的干预措施来影响技术项目,比如美国职业安全与卫生管理局(OSHA)、美国环保署、美国食品及药物管理局、美国国税局、美国证券交易委员会、美国专利商标局、美国统一代码委员会(UCC)、欧洲理事会(CE)、美国保险商实验所(UL)、《萨班斯-奥克斯利法案》、关税和其他适用的法律法规。控制、报告和约束的问题不利于把握最佳商业机会。关于全球范围内正在发生的巨大政治和经济变化已有很多相关书籍问世,主要体现在物质资源、资本、人才、制造业基地、政府支持等方面。例如,虽然没有人真正理解制造业和服务业向亚洲转移的意义,但对成功的衡量显然有了新的标准。本章将向你们展示人与公司在未来的发展中如何生存。

　　我们生活在一个前所未有的时代,政府和法律介入现代企业创建和运营。如果这还不够复杂的话,在美国,全球压力和竞争力量已经成倍地增加了外部介入的复杂性。有些人认为这样更好,有些人则持相反观点。无论判断结果如何,我们都认为这些趋势不容忽视。政府(包括地方政府和联邦政府)极大地影响了现代项目或公司的运营和职责,进而严重影响其潜在的财务业绩。

　　各种法律法规的适用性在其他国家是不可比较的。这使得在严格监管环境下开发的项目缺乏竞争力。本章将探讨这些影响。最后,我们将推断它们是否有利于提高商业化的可能性。无论哪种情况,我们都将了解它们是如何融入到完全商业化的模型中去的。

一种视角

政府监管过程中存在一个奇怪的现象：政府和企业共同致力于促进经济的繁荣和增长，同时保护我们的环境和民生福祉。然而，实际上，这些计划和法规已经成为制造管理层和政府机构之间紧张局势的手段。如何看待这个不稳定的联盟，我们最好回顾一下过往案例。

杰弗里·比蒂（Jeffery Beatty）和苏珊·萨缪尔森（Susan Samuelson）在《商业法和法律环境》（*Business Law and the Legal Environment*）中援引了法国贵族亚历克西斯·德·托克维尔（Alexis de Tocqueville）（他曾于1835年游历美国）的观点，"美国出现的任何政治问题，若未得到解决，迟早会在法庭上解决"，这就说明我们倾向于利用法律武器解决大问题。但奇怪的是，为免受英国政府的压迫，我们国家却选择了使用暴力手段，比如宗教自由和税收事件（"波士顿倾茶事件"）。

我国的法律体系源于英国的普通法，甚至根植于我们的语言中。以"治安官"一词为例，该词源于一个叫作夏尔里夫斯（Shire Reeves）的人物（比蒂和萨缪尔森）。当地的乡村社区以郡为单位，郡长有权对法律进行解释，他们可以征税，调解纠纷，甚至逮捕罪犯，而对所做的工作，他们只需向中央法院提交一份含糊的报告。

1066年，法国诺曼人入侵英格兰时，在房地产交易中（最早的房地产交易可追溯到1230年）添加了更多的规定，这些规定有一定的意义，不仅作为诺曼人土地分配合法化的手段，还为普通法开了先例。

尽管法律制度的根源与历史紧密相连，但如今越来越多的法律法规促进了经济增长。美国宪法起草于1787年，宪法规定政府有权监管商业，并保障国家安全和民生福祉。以早期血汗工厂为例，其立法使得工会能够为其成员寻求组织和进行游说。当19世纪工业革命发生时，立法进一步发展。20世纪40年代富兰克林·德拉诺·罗斯福（Franklin Delano Roosevelt）政府也曾出现过类似的刺激举措，当时他推动新机构的发展，导致美国在二战后面临经济危机。

如今，我们不禁要问，政府是否干预过多。罗杰·特拉普（Roger Trapp）在《福布斯》（Forbes）杂志上发表了一篇题为《是时候让企业和政府重新考虑关系了吗》（Is It Time for Business and Government to consider Relationship）的文章，文中强调必须构建一个新的政府和企业行为模式，仅仅依靠政府的力量并不能解决问题。这一主题在威廉·埃格斯（William Eggers）和保罗·麦克米伦（Paul Macmillan）合著的《解决方案革命》（Solution Revolution）一书中得到了进一步发展。他们列举了众筹、拼车、非洲的疟疾和加州的交通拥堵等案例。提供贸易解决方案，而不仅仅是提供资金，可能确实会推动解决方案的革命。此外，该报告称，在这一领域，新初创企业甚至《财富》（Fortune）500强公司的年增长率为15%，这是一片充满希望的景象。

具体来说，我们质疑政府干预商业的影响是否造就了一种新的结构，这种结构会影响新项目和企业的成功。如果世界各地的企业之间没有了这些制衡，这种结构便失去了平衡，竞争将更加困难。这些关系的部分列表如表11-1所示。

表11-1 政府与商业

领　　域	法　　规
环境	美国环境保护署
工作场所和工人安全	美国职业安全与健康管理局
金融	美国证券交易委员会
税收和财政	美国国家税务局 《通用会计准则》
国土安全	多项法规
行业标准及监管	美国保险商实验所 CE安全合格标识（欧洲） 国际标准化组织 美国食品药品监督管理局 美国联邦航空管理局

续 表

领　域	法　规
管理	美国专利商标局 《萨班斯法案》
其他	电力、管道和区划方面的当地性法规

研究这种参与的历史，并追溯其与现代企业的联系，变得很吸引人。当然，大多数这样的规定都是出于对社会公益、环境问题、工人安全和福利的考虑。即使是那些本意不那么无私的人，也必须考虑这种参与对一个给定项目或公司在本地和全球竞争力方面的影响。

我想起了公司里的一个故事，可以作为一个例子。我们的项目通常规模很大，细节都被记录在项目书中，而项目书一般是由三个 4 英寸宽的活页簿组成。其中有一个英国的项目：葛兰素史克制药公司（Glaxo Pharmaceutical）位于英格兰斯蒂夫日的新实验室的项目花了三年时间才获得批准，这个项目书由三个这样的活页簿组成，该公司没有任何其他项目书能与其细节内容和复杂的规章制度相媲美，英国似乎决心要提高项目书的复杂性。

据此，人们往往推断英国在创新和开发新产品方面能力有限，然而事实并非如此。但人们肯定想知道，无数的规章制度对控制这些企业成功的概率有什么影响。在政府干预和监管的成熟度方面，英国领先于美国和其他大多数西方国家多年。项目书只是一种视觉呈现，但这一项目书是否与本章密切相关呢？更重要的是，它是如何影响新项目和创新项目的成功概率的呢？

英国的环境很难一成不变。2009 年 6 月，英国通过立法，成立了商业、创新和技能部（BIS），这体现了"钟摆思维"。BIS 合并了创新、高校和技能部（DIUS）与商业、企业和监管改革部（BERR）。合并后的部门业务范围涵盖了商业监管、公司法、消费者事务、雇佣关系、出口许可、高等教育和创新等。由于效率和生产力的提高，变革是大势所趋，从而也弱化了政治动机。在英国和世界其他国家的政府中，这些变革被称为政府机构

（MoGs）的更新。

随着世界各地政府干预的力量发生变化，创新和成功实施变革的机会也随之而动。长期以来，中国一直是低成本制造业的聚集地之一。如今，中国经济以飞机和船舶制造业作为其产能的一部分，并引以为豪。

与认识到现代公司和项目需要"灵活"和"适应性"相比，关注全球性力量可能并没有那么重要。这些力量可能是衡量创业成功的一套关键指标。有趣的是，这些问题在生命周期中很早就出现了，从历史来看，它们通常是成熟公司和后期公司的问题，与新技术缩短的生命周期相比，适应全球联盟的时间周期很长。

全球影响力与政府干预直接相关，正面和负面的例子可能都有，比如，对某些产品和服务有税收优惠、优先转让选择，甚至直接补贴等。同样，对某一特定市场部门可能也存在限制和约束，对于技术型产品来说尤其如此，比如汽车行业。在许多领域，某些符合安全规格的装置，如前灯、挡风玻璃、保险杠等，按照严格的标准装配出口到美国的汽车上。大多数欧洲和远东生产的汽车无法满足这些标准，只能依靠售后服务来弥补，这种额外成本导致产品缺乏竞争力。很多人去德国斯图加特购买奔驰，但这种车却因为关税只能在欧洲境内通行，最终还得返厂按美国标准来进行付费改造——想不到吧！

全球化竞争

俄罗斯成功发射人造卫星 25 年后，惠普（Hewlett-Packard）公司总裁约翰·杨（John Young）在美国召集了一个由学术界和工业界领袖组成的著名委员会。该委员会旨在评估美国人在全球舞台上的竞争能力，并于 1985 年 1 月发表了一份题为《全球竞争，新现实》的报告。

报告总结出，美国"必须提高在世界市场上的竞争能力"。为了"提升竞争力"，必须采取以下措施：

（1）创造、应用和保护能够刺激新产业和复兴成熟产业的技术创新；

（2）降低美国工业的资本成本，增加投资资金的供应；

(3) 培养更熟练、更灵活、更有动力的工作团队；

(4) 政府优先考虑贸易(出口)；

报告进一步提出,我们要建立更多公共和私人合作关系,以寻求新的商业化模式。然而,现在的文献还在争论传统的商业化模式。自该报告以来发生了很大的变化,认识到这一点至关重要。本书中提到的互联网通信的变革和使能技术正在以惊人的速度发展。全球人口从45亿人增加到70亿人(见图11-1),自然资源不断减少,贸易重心已从欧洲和美国转移到远东。所有这些因素都会影响我们所考察的项目及其创业的成功率。

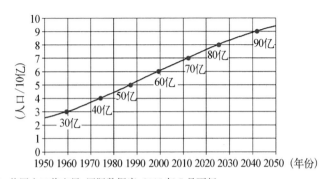

来源：美国人口普查局,国际数据库,2015年7月更新

图11-1　世界人口(1950—2050)

此次会议中最令人担忧的是,美国资助创新项目和启动新贸易的能力明显减弱。委员会提出报告时(1985年),公共债务总额账面上只有25亿美元,而如今已高达150亿美元。单是偿还债务就不堪重负,就更别提资助新方向的研究了(如图11-2所示)。

每年,巴特尔组织和《研究与发展》杂志(R&D Magazine)都会发布一份全球研发资金的预测报告。2014年版的报告中指出,美国研发资金增长了1%,而中国和欧洲的研发支出分别增长了6.3%和4.6%,这三个地区的研发支出总计达1.6万亿美元,占全球总研发支出的87%。照这种逐年增长的趋势,到2018年,包括中国在内的亚洲国家的研发支出将超过美国(70%的研发支出投向工业领域)。

报告指出,"研发是对未来的一项长期投资,是创新驱动增长的基

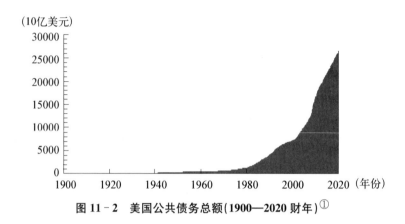

图 11-2　美国公共债务总额（1900—2020 财年）①

石"。随后还阐述了生态系统利用研发效益的重要性，生态系统可以保障利益"持续"直到实现商业化。生态系统由以下几个部分组成：

（1）重点投资人力资源，确保提供所需技能人才渠道，强调 STEM 项目的重要性；

（2）将科学注入到商业愿景和企业奋斗中，使成效更显著；

（3）资金可用于从研发、概念验证到成品的所有阶段；

（4）建立政府支持，响应与学术界的行业合作；

当报告调查人员询问主要研究人员对影响未来趋势的因素的担忧时，令人惊讶的是——自然灾害和可再生能源等因素位居全球趋势前列。

进一步讲，生产率指标揭示了全球增长潜力。麦肯锡全球研究所（McKinsey Global Institute）发表了一份题为《全球增长：生产率能否拯救老龄化世界》（Global Growth：Can Productivity Save the Day In an Aging World）的报告。有人指责，若以 GDP 衡量，我们已经享受了 50 年的增长红利，虽然人均增长率由 2.8% 降至 2.4%，这一变化看似很小，但新兴国家的数量还是拖累了整体表现，使情况更加复杂。该报告侧重于农业、食品加工、汽车、零售和医疗保健等行业。相对乐观的是，我们还没有用尽可以用来提高全球生产力的技术和创新资源，但我们怀疑政府和工业界是否有决心来适应我们所需要的最佳方案。

---

① Source：www.usgovernmentspending.com.

宏观层面上，这些趋势似乎受到了当地经济、货币、政治变化和新兴经济体动态的冲击。通过互联网的开放性和全球运输能力，这些冲击会影响到新机遇，并降低它们成功的可能性。但另一方面，全球变化也会带来合作和商业交流方面的机遇。

马萨诸塞州弗雷明汉丹尼森公司（Dennison Corporation of Framingham）的一位前高管向我举了这样一个例子。该公司参与了零售业价格标签的制造。在服装领域，他们注意到：特别高端的产品往往是在巴黎或米兰设计，在远东地区制造，最后通过美国的分销渠道销售。由于产品和服务在产品制造过程中会经过许多不同厂家和产地多方周转，因此及时准确地编目和显示标签信息十分困难。他们开发了一种可以在不同的阶段实时生成标签信息的程序。整体生产力（和副品损失）有了十分积极的改变。当然，此类有关全球合作的案例还有很多。有趣的是，就在几年前，在用于实现这些目标的技术还没有出现之前，它们还不存在。

当地环境

如表 11-1 所示，我们开始关注监管约束和合规要求是如何影响最早的商业项目的。更仔细地研究这些细节是很有必要的。可以明确看到机构名单和规章会对一切组织产生影响，包括初创公司，名单中所列机构大致分为联邦和地方（州和直辖市）两类。

小企业管理局（SBA）或许是政府参与企业监管的一个切入点，该机构由艾森豪威尔（Dwight D. Eisenhower）总统创立于1953年，当时有两大职能：第一个是管理各级政府支持的小企业资本和增长项目贷款；第二个是"尽可能地帮助、协助、咨询和保护小企业的利益"。该机构历经数次变革，一直处于共和党和民主党势力的双重压力之下。民主党政府想要扩大它的职能范围，而共和党政府则试图废除该机构。当时，奥巴马政府已经将 SBA 纳入总统内阁。此外，2010 年 12 月，奥巴马总统制定了《小企业就业法案》，不仅新增了 300 亿美元的贷款计划，还为小企业减免了高达 120 亿美元的税款。

SBA的规模相当大,由22个独立的办事处组成,涉及创业教育、国际贸易、退伍军人企业和妇女企业所有权等领域。在其广泛的业务范围内,它还负责退休管理人员服务团(SCORE),该团由全国350个分会组成。SBA在每个州至少有一个办事处,在很多大学和学院共设有大约900个小企业发展中心,以及110个妇女商业中心。至此,SBA承担了以下扩展职能(顺序不分先后):

(1)知识产权:围绕专利、版权,以及在诉讼社会中围绕"运营自由"等问题。

(2)环境法规:涉及多个法规,不仅涉及生产材料,还涉及所有材料的全周期。

(3)外籍劳工:有关就业资格的法律在不断变化,因政治风向的变化,移民规定也随之而变。其中包括吸纳最佳国际人才的问题,这些问题受到签证规定的严格限制。

(4)就业和劳工:雇佣普通工人的具体规定。

(5)商业法:其中包括规范合同和商业交易的美国《统一商法典》的基本原则,以及规范互联网商业的具体原则。

(6)金融法:会计交易受多种法律的约束,从美国国税局到证券交易委员会的公开股权交易,再到在公认会计准则(GAAP)下的完整会计交易惯例。

(7)法规和许可证:地方法规涵盖了多种规范和运营许可证,其范围包括管道、电力和其他市政服务。

即使这些举措很恰当,有助于规范商业活动,但是每种方式,无论大小,都要花费时间和人力。如果项目要发挥出潜力,企业就必须承担额外的支出,这在某种程度上淘汰了某些边缘的或脆弱的项目。从轧棉机到汽车,再到电视机和电话,如果是以今天的审查标准来审核这些想法,会发生什么呢?要知道,这其中的一些技术创新的确帮助美国确立了在全球市场的地位。

从全球角度来看,这些规则本就不是为实现平等而确立的。多个政府和政治呼吁寻求国家间的平等,比如为使全球环境变化正常化而征收全球碳税。不过诸如此类的协议肯定会受到政治因素影响,以《京都议定书》(the Kyoto protocols)为例,从本质上说,该协议遭到了美国政府的抵制。诸如此类美国没有参与其中的协议,基本上就失去落实的可能性。在达成协议之前,政府干预的每一个因素都会导致商业上的不稳定,这些不稳定将直接影响到相关机构所开展业务的潜在盈利能力和资金需求量。人们不禁要问,各国在制定这些法律法规时,是否充分考虑了各种贸易不平等问题。

美国的监管和法律之间的冲突带来了一些新机会和挑战。以环境保护署针对供热工厂制定的新排放标准为例,老式技术,如燃煤开式烟囱加热装置,正在被更高效、更清洁的技术所取代,如天然气和烟囱洗涤装置。很明显,这些新技术对环境更有利,在将热量输送到特定设施方面也更有效率。但这类技术改造升级动用了原本可用来创建新企业的资金。虽然这可能会使天然气取暖装置和洗涤装置的新商业机会更加合理化,但是工厂的整体生产率还是受到了影响。

深度探讨

政府和监管机构对早期项目的影响大致分为三类:环境问题、劳动者权利和安全以及商业监管。每一类都可能会引发社会或环境问题。全球相关地区都在经历持续的变化,伴随着目标的动态调整。一系列与全球贸易与环境相关的协定或条约促使这些地区贸易正常化。但很明显,这一举措并不一定适用。

如果未来充满机遇的新世界包含着全球性的竞争,那么互动的范围就会很大,且在任何时候似乎都是不平衡的。鉴于此,早期项目似乎越来越容易受到一系列限制,而这些限制远远超出了其能力范围。接下来,让我们从环境监管、工人权利、安全和商业监管三个方面来看看初创企业的具体情况。

在每个类别中,至少有一个占主导地位的监管机构。以美国环境空间为例,美国环境保护署是主导力量。1970年,尼克松总统颁布了一条行政命令,该机构由此创立。后来该机构得到参众两院的批准,在空气和水质领域拥有广泛的监管和执法权力,监管范围包括空气、水、土地、濒危物种和有害废弃物。美国环境保护署催生了无数的法规和管理法律,对大大小小的企业实体都有影响。

尼科尔(Nicole)和马克·克雷恩(W. Mark Crain)在一份题为《管制成本对小企业的影响》的报告中指出,在遵从各类环境法规的企业中,小企业占比很大,如报告中的表11-2所示。

表11-2 2008年按企业规模划分的环保合规成本分布

法规类型	员工单位成本			
	所有公司	员工数少于20人的公司	员工数为20—499人的公司	员工数大于500人的公司
所有联邦法规	$8 086	$10 585	$7 454	$7 755
环境类	$1 523	$4 101	$1 294	$883

令人感到震惊的是,这些成本与公司规模是如此不成比例,那些我们赖以创新的初创公司是实现技术商业化的基础,却受到了最沉重的打击。如表11-2进一步所示,在所有政府监管类别中,小规模公司也承受了这种不成比例的负担。

再看看这种不成比例现象的另一方面,透过关税、费用和税收等经济力量的累积,便可在所有联邦法规中看到类似的模式。虽然这超出了该报告的讨论范围,但还有地方和各州开销,如税收和许可证费用,必须纳入统计。许多费用是"固定"费用,不受雇员人数的影响,这些费用往往隐藏在会计模型中,不作为行项目列出。

在公共资金和私人资金的分配上显然存在着一种平衡。如果一个公司投资某种环保技术以提高生产力和技术水平,那这很可能会带来商业优势,但如果投资只是为了符合某些环保要求,那就另当别论了。与其说这种投资是为了方便会计核算,不如说是影响公司竞争力的主要力量。

这种负担不仅会出现在无力承受财务和现金流压力的公司中,也会给竞争激烈的全球和海外市场造成失衡。仅靠技术和创新无法保障任何一个国家的公平竞争。许多监管要素的基础可能确实是利他的、可持续的,当然也是有政治力量基础的,但仍需要力量的平衡来弥补这种失衡。

混杂融合

在本章中,我们探讨了联邦、州和地方政府组织对现代企业的多种影响,发现这种政府干预是空前的。尽管许多法规的初衷似乎是利他的,但它们的目的和范围在小型实体企业的影响方面是不成比例的,这就给早期的筹资工作和由此产生的股权稀释带来了压力,也限制了组织发展的资本。不得不说,世界各地的环境和经济制约是相当强大,且在不断变化,再加上处于初期阶段的公司承受着巨大的监管压力,人们不禁要问,单个国家如何能够充分创造或认可日新月异的商业活动的优势。

可以肯定的是,并非所有的规章制度都会规定财政和人力资源方面的义务,有些实际上只是添加剂般的存在。例如减少某些关税或小企业创新研究(SBIR)拨款,提倡学术界和行业伙伴之间的合作。地方和联邦政府可能会对诸如太阳能等新能源项目提供财政补贴,也可能会提供职业培训或采取就业激励措施,这些政策适用于一个正在发展中的企业的方方面面。所以企业在制定运营计划的时候应该充分考虑这些政策并加以利用。如果这些措施使企业具备全球竞争优势,那么势必将被广泛采用。无论是社会、政治还是利他动机驱动下的激励措施,都处于不断变化的状态中。总之,新技术型企业的管理需要前所未有的灵活性和适应性。

前景展望

技术商业化过程中各要素都在快速变革,我们难以预测哪些变革会产生最为显著的影响。在下一章中,我们将探讨投资和机遇的新趋势,也将探讨孵化、专利法、市场推广和互联网等方面存在的角色定位的转变,还将研究技术商业化团队的组建方式。我们将在全球化背景下研究这些变化,敬请期待。

第十二章
展望未来

纵观全书,我们反复强调商业化周期中各要素的变革速度。这些变革改变了使能部分,有助于高效快速地完成工作。资助早期项目的新手段、新的孵化方式、更有效的教学和更好的建模工具只是其中的部分值得关注的要素。这些巨大的变革增加了预测的风险,但要把这些变革编撰成如今的样子,就成了一项有趣的任务。

不断变化的世界

展望未来本身也存在着不确定性。我们可以很容易达成共识的一点是,商业化、创业和创新周期正以惊人的速度发生变革。通过观察变革的几个类别,我们大致可以明白方向上的变化,其中包括:

(1) 早期投资;

(2) 孵化趋势;

(3) 全球竞争;

(4) 技术和知识产权的变革;

(5) 创业培训;

(6) 互联网和客户需求;

(7) 经济需求。

早期投资

1946年,前哈佛商学院院长、"风险投资之父"乔治·多里奥特(Georges Doriot)创立了第一家公认的风险投资公司——美国研究与开发公司(ARD),该公司早期向数字设备公司(Digital Equipment Corporation)投资了7万美元,这对该公司的发展有着里程碑式的意义。这笔投资促使世界诞生了一个新的投资行业,每年估值250亿美元。这类投资的意义,不在于它们能让数百家处于早期阶段的企业顺利起步,而在于它们能让表现不佳的投资组合(如养老基金),将有限的资产投入高风险和高回报专业管理的项目,从而成为风险投资公司的有限合伙人。早期的风险资本模型假设,在首次公开募股(IPO)中退出投资将带来一个强劲的市场,同时高股价的诱惑也会成倍增加。

这种投机模型推动了行业增长,但直到2000年,臭名昭著的网络公司股价泡沫暴跌。感知价值突然崩溃,造成包括风险资本投资在内的重大损失。业界对此采取的应对措施是退回到更成熟(风险更低)的投资,这给早期投资和初创公司留下了巨大的缺口。

1978年,比尔·韦策尔教授(新罕布什尔大学的教师和风险研究中心的创始人)研究了个人在早期风险投资中进行私人投资的行为,其中大部分投资是在新罕布什尔州。这些人从成功的技术型公司套现,再投资于早期项目。他根据百老汇投资者的模式,即他们在演出开始前承担投资风险,称这些人为"天使投资人"。

如今,天使投资每年的效益与风险投资旗鼓相当。在每笔交易中,天使投资人投资不多但却可以参与更多的交易。他们还参与更早期的交易,以及那些风险投资者转向后期交易过程中留下的"缺口"。两者的对比如图12-1所示。

风险投资和天使投资都有一个共同的问题,那就是谁更有能力进行这些投资。美国证券交易委员会为了保护那些因为手段有限而无法吸收风险的人,提出了"合格投资者"这一概念。天使和风险资本投资者

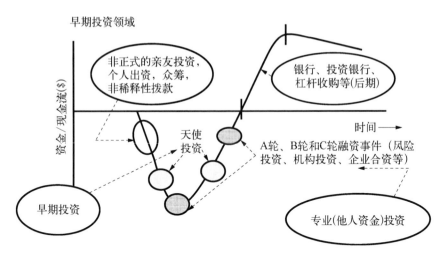

图 12-1 早期投资周期

都必须通过合格投资者的认定测试,即净资产须达到 100 万美元,年收入须达到 20 万美元,认定测试表中不包含主要居住地。后来,多德弗兰克法案扩充了这一概念,这意味着只有拥有巨大资产的个人才能进行投资。

2012 年 4 月 5 日,奥巴马总统签署了《创业企业扶助法》(JOBS Act, Jumpstart-Our Business Startups Act),简称为《就业法案》。该法案使得初创公司能够获得新的资金来源。它通过允许股票在互联网上交易来实现这一点,同时还降低了个人净资产的合格水平。法案还规定,在向 SEC 报告之前,允许更多的股东加入组织。《就业法案》促使早期投资民主化,规定了新的财富分配,并为一种称为"众筹"的新型融资开辟了社交媒体途径。这样一来,几乎任何人都可以在世界任何地方投资一家公司。

该法案还催生了诸如 Kickstarter 这样的新型众筹行业。2009 年 4 月 28 日,由陈佩里(Parry Chen)等人发起的 Kickstarter 成为外部人士可以投资其投资组合公司的门户网站。据该网站 2012 年的数据显示,Kickstarter 已经为 207 135 个项目筹集了 15 亿美元,成功率高达 40%。该模式进一步被定义为一种担保合同,即除非为某个特定项目筹集到所有资金,否则不会为给定项目发放资金,Kickstarter 需要为其支付 5% 的费用。该担保合同对项目有一些限制,其中包括:

（1）禁止使用拟真演习或模拟。

（2）禁止转基因生物。

（3）将项目限制为"合理设置"。

（4）要求实体原型。

（5）要求有生产规划。

Kickstarter 并非该领域仅有的一家公司，还有诸如 GoFundMe、Indiegogo、Teespring、Patreon、Crowdrise 等一系列公司。目前尚不清楚这些公司的效率如何，以及这种新的资本收购形式如何生存。但可以肯定的是，目前的格局正在迅速变化。

这一趋势的另一个层面是非股权众筹的加入。在这种情况下，商品（或对其的未来承诺）被用来兑换成现金。2012 年 4 月 29 日《纽约时报》上刊登了一个有趣的案例，一位名为埃里克·米基科夫斯基（Eric Migicovsky）的 26 岁工程师，开发了一款名为 Pebble Watches 的腕表系列，可以传送 iPhone 手机的短信。起初，他尝试通过传统的风险投资途径来筹集创业资金，但遭到断然拒绝。随后，他转向借助 Kickstarter 这一渠道，他向任何愿意捐 99 美元的人提供一块 Pebble Watches，但没有进行股权交换。在不到一周的时间里，他从近 5 万人那里筹到了 700 万美元。之后的公司报告显示，该公司在不到两周的时间内就筹集了 1 000 万美元。

该方面的专家表示，如果没有适当的审查、委员会审查、尽职调查和严格的投资条款清单，投资的质量将会下降。天使资本在大概 40 年前刚刚起步时也曾如此，如今，天使投资行业拥有国家最佳实践组织（ACA）。据报道，2014 年该行业的投资额估计为 240 亿美元，这一数额相当于风险投资业在同一年投入的资金。

孵化

在一个组织生命周期的早期，项目会在某个阶段非常脆弱。团队还不完整，技术还不成熟，或者资金本身也不安全，所有这些都与企业的感知价值无关。成功的公司肯定会占据优势，但有些公司却需要更多的时间和资源来获得成功。

1959年，首个公认的满足这些需求的孵化器在纽约的巴达维亚建立。但建立一个公共实体来实现这一目标的想法历经数年才得以形成。1980年，全国仅有12家公认的"企业孵化器"。随着20世纪80年代东北部越来越多的工厂关闭，经济也随之发生了变化，更多的孵化器在经济发展的大背景下成长起来。1982年，本·富兰克林伙伴计划（Ben Franklin Partnership Program）作为第一个全州性的组织成立并成为业界典范。1985年，一个名为"美国企业孵化器协会"的组织成立，并作为信息和最佳实践的交流中心，该组织最初由40名成员组成，而如今成员数量已达1 600名。

在近代历史上，创造孵化器的能量超出了经济发展的范畴，人们可以通过建立新公司来创造就业机会，互联网公司不再需要在实验室和物理资源上投入大量资本便以惊人的速度出现。只需要一个简单的工作空间、行政管理协助和宽带互联网，能力就足够了。联邦政府也没有袖手旁观，美国小企业管理局（SBA）建立了小企业发展中心（SBDC）来帮助处于早期阶段的企业，全国大约有900个中心。除此之外，还有其他的政府项目，如国家科学基金会（NSF）、I-Corp和小企业创新研究（SBIR）等。

实际上，孵化过程是全球性的。例如，在瑞士，有像苏黎世的科技园和弗里堡的蓝色工厂这样的政府/工业合作社。1991年，以色列首席科学家办公室启动了国营孵化器系统，该系统旨在建立一个"创业型国家"。在这种模式中，政府投入了85%的早期启动成本。孵化器并非没有遇到挑战，在2015年5月19日的以色列日报《哈尔茨》（Haartez）上，有一篇头条文章写道："技术孵化器：它们的时代过去了吗？"尽管该组织的负责人约西·斯莫勒（Yossi Smoler）评论这种模式正在转变为支持更多的企业和金融。但文章指出，开源软件和云计算改变了许多新公司的形成方式。与其加入这场争论，我更想知道是否需要建立新的模型。

现在已经有新的模型在运行，五年前，波士顿建立了一个名为"大众挑战"（Mass Challenge）的加速器项目，并号称是"世界上最大的创业加速器"且遍布全球。该项目提供了大量的培训、导师指导、投资者和其他资源的获取途径。

在美国国家企业孵化器协会（NBIA）2013年2月和3月出版的《NBIA评论》（the NBIA Review）中，该组织的新主管贾斯珀·韦尔奇（Jasper Welch）接受了采访，交流了他对孵化器未来的看法。他指出，可以明确的是，孵化器必须超越实体模式才能进入"下一个实践"，其他人将这一领域称为虚拟孵化器。同样明确的是，这个孵化领域不得不随着处于早期阶段的公司需求的变化而变化。

全球竞争

如果说有一个主题能抓住全球竞争的本质，那一定是变革。长期以来，美国和欧洲国家一直主导着研发投资支出。然而，巴特尔《研发杂志》（Battelle and R&D Magazine）于2013年12月公布的《2014年全球研发资金预测》报告指出，在过去五年中，亚洲国家在全球研发支出中所占的份额从33%增长到了40%，而且"东南亚已成为世界上新研发投资最大的地区——这一趋势预计将持续十年"。知识生产的转变意义重大，中国对教育的投资已经取得了一定的成果，中国在科学和工程领域授予博士学位的数量已经超过了美国。中国有160万名研究人员和学术人员，3 000万名学生在高等教育机构入学。自2011年以来，中国教育和研究活动的一个副产品是专利申请数量居全球首位。

技术发展的这种转变衍生了一个有趣的副产品。在中国、印度和巴西，世界上最大的常驻企业数量增长了6.7%。在同一时期，美国、英国和德国都出现了明显的下降①。另一个指标是早期创业活动指数（TEA），

---

① "The Super-Cycle Lives: Emerging Markets Growth Is Key", November 6, 2013, https://www.sc.com/en/news-and-media/news/global/2013-11-06-super-cycle-EM-growth-is-key.html.

TEA 衡量的是一个经济体中正在建立或经营新企业的个人所占的百分比。2013 年《全球创业观察》年度报告的五个国家和地区中,美国和欧盟的 TEA 指数最低,而拉丁美洲和非洲的 TEA 指数最高[约瑟·埃内斯托·阿玛多(Jose Enesto Amardo),阿曼达(Amanda),尼尔斯·博斯马(Niels Bosma),巴布森学院(Babson College)等,2014]。创新创业被定义为创造一种具有重大商业机会的产品或服务。新兴国家的支持性环境包括增加早期实体获得资金的机会(风险资本)、文化的变革、支持性监管措施(如取消资本利得税)、放宽对外国投资的限制,以及与这些趋势相结合的教育体系。

技术和不断变化的知识产权格局

知识产权保护的形式包括专利、版权、商业秘密和创新理念许可等,这些方面的共同之处是都为侵权行为设置了障碍,从而使其在同样的理念下对金融投资和人才获取方面更具吸引力。知识产权保护的普通法正基于这样的设想。他们所没看到的是技术与互联网的爆炸式发展,以及随之而来的全球竞争。

与以前那种发明家孤独地弯腰伏在工作台上,因成功点亮灯泡而大喊"有了"(eureka)的年代相比,我们已经有了很大的进步。今天,我们参与的是协作性更高的复杂技术,这些技术在不同的业务部门之间存在差异。当然,基因组模型及其发现是建立在现代医学、快速发展的软件以及互联网解决方案的基础之上,这些是那些在世界各地制定专利法的人所没有预见到的。

1970 年,部分联合国成员国创立了世界知识产权组织(WIPO)以"促进和协调国际知识产权法",该组织早期倡议将知识产权从工业国家推广到发展中国家。为知识产权创建全球化的环境任重而道远,文化、贸易协定和地方司法系统都使扩大法律范围的努力更加复杂。然而,由于技术竞争的全球性,我们对这些协定的需求比以往任何时候都更大。在知识产权组织内,《与贸易有关的知识产权》(TRIPS)正试图找到灵活而又包含新法律发展方向的办法,找到"一体适用"的方法似乎是一个难以实现的目标。

另一个影响 TRIPS 找到"灵活"方法的因素是知识产权保护的期限较短。早些年,20 年的专利期限似乎是承认其商业价值的合理保护期。快速的技术发展、改进的使能工具和更短的技术产品周期都向 20 年的保护期提出了质疑,以至于 20 年保护期实际上被视为创新和变革的障碍,这种价值主张在专利或版权到期之前就已经过时了。

有时候,知识产权会同时阻碍社会或者社会需求的发展。以制药领域为例,专利赋予其所有者可以不将某项技术商业化的权利。如果能够把精力用在缓解社会性的、社会,甚至可持续发展的问题上,那还是有希望的。在这一点上,似乎没法找到解决办法。在波士顿学院(Boston College)的教师理查德·斯皮内洛(Richard Spinello)撰写的一篇颇有意味的文章中(题为《知识产权的未来——伦理与信息技术》,Euwer 学术出版社,荷兰,2003)指出,基于互联网的知识产权也存在同样的问题。在缺乏简洁的知识产权保护和隐私的相关规定下,创造应用程序的创新研究正处于危险之中。2014 年达沃斯世界经济论坛(World Economic Forum)会议撰写了一份题为《数字时代重新思考知识产权》的成员意见书,其中提出了一系列鼓励合作、开放对话、消费者参与和发展的"共同目标"的指导方针,这一意见书虽然不像修改法律和管理规定那样具体,但可能会为进一步合作创造条件。

影响知识产权未来的最后一个主题是"专利巨魔"的出现,这有点令人担忧。"巨魔"是指获得专利权但不生产任何产品或服务的公司。例如,一家"巨魔"公司收购了一家破产公司的专利权,目的是起诉一家更具创新性和更成功的公司,并从诉讼中获得即时罚款。美国有分担诉讼费用的概念,因此诉讼的风险最小化(或共同分担)。在 2014 年 11 月的《哈佛商业评论》(*Harvard Business Review*)中,波士顿大学(Boston University)法学院的经济学家詹姆斯·贝森(James Bessen)指出,这些"巨魔"制造的专利诉讼案件的数量在飙升,这一变化趋势如图 12-2 所示。

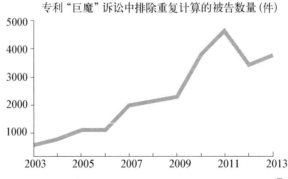

图 12-2　互联网"巨魔"制造的专利诉讼案件的增长[①]

在同一篇文章中,贝森进一步引用了罗格斯大学(Rutgers University)的罗杰·斯梅茨(Roger Smeets)和麻省理工学院的凯瑟琳·塔克(Catherine Tucker)进行的一项研究。斯梅茨在研究中观察到,当小公司遭到"巨魔"公司的起诉时,其研发支出明显下降。塔克指出,同类公司中的风险投资公司减少了14%,而斯梅茨则指出,这些公司的研发支出减少了19%,两种变化趋势如图12-3所示。

图 12-3　专利"巨魔"诉讼对创新的影响[②]

无论"巨魔"的诉讼能力对创新研究支出的短期影响如何,只有联邦政府有能力通过立法修改法律来减轻其破坏性活动的负面影响。这些变化以及全球实体在监管方面的协作能力将成为知识产权未来变化的标志。显然,全球技术创新的新力量以及互联网在音乐、电影和社交媒体上的应用将推动这些变化。

[①] 来源:HBR. org.
[②] 来源:HBR. org;Research by Catherine Tucker, Roger Smeets, Lauren Cohen, Umitkurun, and Scott Kominers;Analysis by James Bessen.

创业培训

企业家的出现是美国经济的主要历史堡垒之一,在许多情况下,企业家改变了我们的商业观念,例证不胜枚举。

《联邦快递》(FedEx)最初是弗雷德里克·史密斯(Fredrick Smith)1965年在耶鲁大学发表的一篇学期论文,史密斯的教授认为这篇论文不具备革命性。但今天,联邦快递已经成为生活中不可或缺的一部分。1984年,迈克尔·戴尔(Michael Dell)在德克萨斯大学的宿舍里创立了现在著名的戴尔电脑公司,比尔·盖茨和保罗·艾伦设计微软操作系统的商业模式时,他还在哈佛就读。

早在1876年,圣路易斯大学(Saint Louis University)的杰里·卡茨(Jerry Katz)教授在一篇名为《美国创业教育的年表和智力轨迹》[①](The Chronology and Intellectual track of American Entrepreneurship Education)的文章中引用了第一批经济/商业课程的参考文献。戈登·巴蒂(Gordon Baty)的《制胜之道》[②](Playing to Win)引用了第一本出版的商业资料,从那时起,研讨会、期刊和案例研究的步伐不断加快。商学院也随之出现,但在管理方面却步履蹒跚,创业似乎是次要的。

再往后看,2015年2月,考夫曼基金会发表了一篇由贾森·韦恩斯(Jason Weins)和艾米丽·费奇(Emily Fetsch)撰写的题为《人口趋势将塑造创业的未来》(Demographic Trends Will Shape the Future of Entrepreneurship)的文章,文中指出千禧一代和婴儿潮一代的增长是创业的主要驱动力。对此,教育部门在1985年开设了250门创业课程,到2008年已开设有5 000门,这些人口统计数据如图12-4所示。

如图所示,50岁以上的人创业的可能性是25岁以下的人的两倍,这种

---

① Journal of Bussiness Venturing 18,no. 2. (2003):283-300.
② Reston Publishing,1974.

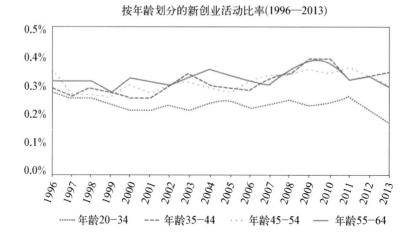

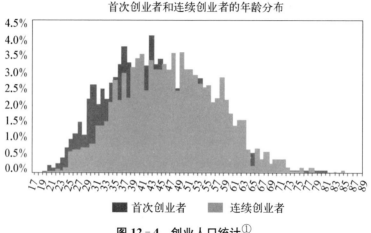

图 12-4　创业人口统计[①]

转变可能并不足以让美国稳居其在创业方面的领导地位。盖洛普公司(Gallup)董事长兼首席执行官吉姆·克利夫顿(Jim Clifton)在 2015 年 1 月 13 日出版的《盖洛普商业杂志》中写道,美国首次预计企业倒闭的数量将超过初创企业的数量,美国将是全球创业率排名第 12 位的国家。为了扭转这一趋势,他认为"要回到正轨,我们必须停止把一切希望都寄托在创新上,我们要开始关注全能型的企业家和经营者"。

[①] 来源:Robert W. Fairlie, Kaufman Index of Entrepreneurial Activity(2014), using data from Current Population Survey, US Census Bureau; Kauffman Firm survey.

学术界正以多种方式应对这些变化,40多年前,南加州大学(University of Southern California)才开设了第一个以创业为重点的工商管理硕士(MBA)课程。如今,在很多著名高校,如哈佛大学、麻省理工学院、斯坦福大学、巴布森商学院和凯洛格商学院都有很多这样的项目。这些高校在教育学生方面取得了重大进展,并培养了足够的教师来教授他们。案例写作的新实验催生了新型模拟教学工具和在线课程。由于诸多原因,如扩大服务范围、学生入学人数和不断上升的成本,新的信息传递手段现在已准备就绪。例如,混合式学习是指学生可以远程接受教育,但仍然需要每学期来学校几次。在线课程一直不断激增,与工业界的合作,如在远程工厂教授的课程目前已经就位。

层出不穷的商业计划竞赛、创业俱乐部、孵化器和校园实践实验室促进了该趋势的发展,工程和科学等替代领域的辅修课程也很普遍。

互联网和客户需求

预测互联网的未来有点像问莱特兄弟如何看待在4万英尺高、时速近600英里的洲际飞行。在医疗信息、市场营销、金融和娱乐等各种各样的应用程序中,变革速度和作为工作工具的接受程度的确令人惊叹。

我们今天所知的互联网并不是一个单独的发明,第一次发明出来的是国防部开发的包交换技术,在发送多组数据时,互联网协议的应用程序允许这些数据包在用户之间传送。蒂姆·伯纳斯·李(Tim Berners Lee)在流程中加入了万维网的概念,这使得电子邮件、即时消息传递以及用户之间的语音交流成为可能。所有这一切都发生在短短的30年之内,今天,我们接受了它在智能手机、金融交易、文本信息和照片共享等众多设备中实现传送的能力。最重要的是,这种能力正在为全世界所认可。

关于互联网的未来发展前景如何,有一些早期的线索,让我们先来看其中三个方面。首先,"云"产品承诺可以通过多种设备(如平板电脑、电脑、智能手机和手表)更好地访问数据。它可以更好地分配资源,因为个人用户不必在容易过时的大型机和内存上投资。"云"是全球性的,因此全球范围内的时间问题和接口对于用户来说是不可见的。服务的成本可以按现收现付的方式分配,仅这一点就对用户所承担的成本产生了巨大的影响。

其次,互联网的信息传输速度会影响未来互联网的应用。如今,家庭宽带的平均速度是每秒 10 兆字节(Mbps)。在整个美国,这一数据相差很大。在人口稠密的纽约和华盛顿,网速接近 100 Mbps。预计到 2020 年,这个数字将达到 200 Mbps。如今,光缆和传输设备的基础设施非常昂贵,成本很难调整到合理的程度。一种可能的解决办法是依靠政府立法和资助使其正常化,但这是否能实现还很难说。目前,在向广阔的市场和应用领域提供快速服务方面的能力,美国远远落后于韩国和瑞典等国家。随着能力的提高,互联网的应用可以汇集更为精细和复杂的信息。

最后,还有一项技术具有显著提高其传输信息的能力,这是一个由应用程序、设备、无线网络连接和全能"云"组成的爆炸式世界,传递给我们所有信息的替代选择——着实令人惊叹!

所有这些都并非完美无缺,显然,高居榜首的是隐私和安全问题。几乎每天都会听到某个系统被黑客攻击或遭到恶意软件、木马及其他病毒感染的消息。这在一定程度上是保护软件和那些决心阻止互联网应用的个人之间的一种较量。提到有关医疗记录、财务数据、证券等其他敏感资料时,这个问题变得至关重要。保护数据的防火墙和加密方案的确防御了安全入侵,但保证数据具有绝对完整性似乎难以实现。毋庸置疑,我们将适应社会中更大程度的侵扰。只要看看谷歌和 Meta(原脸书)目前提供的服务,就能知道现在有多少"隐私"暴露于众了。跟踪软件"cookies"可以追踪我们在互联网上进行的大多数交易。我们将发现新的数据保护形式,网络安全领域也将随之不断扩大。

无论我们如何看待互联网的未来,其未来的整体潜力仍是令人惊叹的,互联网将影响我们如何将新技术及其应用商业化。

从战壕里看到的景象

本书如果没有从企业家的角度进行探讨,那将是不完整的。企业家

所处环境的每一个要素都可能发生变化,保持创业状态并非是好事!下面列举几个变化要素:

(1) 在政府和社会结构的各个层面重新强调创新和创业精神。

(2) 联邦和地方计划和资助应接不暇。

(3) 新课程、研讨会、讲习班和学生经营的俱乐部和实验室在内的教育系统日益普遍,大多数学术探讨都鼓励举办这种活动。

(4) 获取可用资金来源的新结构形式,如众筹,通过风险投资和天使投资等持续投资。

(5) 环境、可持续性和社会问题需要给予重视,而这些问题需要新企业的支持。

(6) 根据经济发展的规则/标准而创建的孵化设施的可用性。

(7) 波士顿创新中心(Innovation Center)等集群环境中的初创企业文化,现有的不动产也被划定在允许和鼓励这种行为的范围之内。

(8) 使技术能够更快、更经济地创造原型和产品。

(9) 当然,还有互联网可以进行全球推广,产生即时的营销推广以及即时的反馈。

(10) 为早期职业生涯创造新就业形式的需要。

(11) "世界各地"正在以惊人的高水平发扬创新和创业精神。

在这些积极的力量当中,也有企业家的观点。一些人认为,Meta(原脸书)、谷歌、亚马逊和苹果的高绩效和有些不切实际的期望对许多新项目都具有吸引力。传统意义上,能带来10倍收益的公开发行是意料之中的。有可能有些项目会做得特别好,但也只是极少数。如果十分之一的投资能产生高收益,早期投资者就心满意足了。

虽然需要关注上行清算结果的预期(激励性"胡萝卜"),但早期环境的实际情况也需要澄清。很明显,有一群人要应对处于早期阶段的公司的不确定性,这些人可能不是后来构建企业的团队。很多时候,缺乏经验的创业者会对早期企业因缺乏资金或人员支持而难管理表示震惊。

一些现实情况如下:

(1) 缺乏对品牌或产品的认可。这意味着销售周期更长,价格更昂贵。这还需要一种不同的销售形式，依靠一种称为"传教士式"的销售技巧，在考虑销售之前，需要先确定产品（或服务）的背景和需求。这是一个需要学习的过程，并不是所有的销售人员都能胜任。

（2）对创业的怀疑就是对企业生存能力的质疑。通用汽车（或任何已成立的组织）是否会从一家生存能力受到质疑的早期公司购买产品或服务？像许多早期的具体问题一样，这个问题可以通过向潜在客户提供一个先发制人的许可证来解决，如果初创企业做不到的话，他们就有自己生产产品的专有权。尽管这个选择有点复杂，但需要一种不同于成熟企业的思维方式。这反过来又要求早期团队以成熟企业不需要采用的方式进行调整。

（3）早期企业组织深度有限或不成熟，导致管理风格不正式。许多企业家都表示，他们的公司在发展过程中经历了一些巅峰时刻。我的公司有一段时间没有会议桌，因为我们所在的工厂需要一张形状古怪的桌子，这迫使我们要有一个适度但自定义大小的会议桌。这种非正式的站立会议令在场的人难以忘怀且效率很高。随着时间的推移，这可能被浪漫化了，由于缺乏资源而导致的挫败感是真实存在的，这也阻碍了实现预先设定的目标。

（4）初创公司曾被比喻为飞行岁月。尽管这让人联想起开放式驾驶舱飞行的自由，但这些飞机不能飞得太远，且常被认为相当不可靠。一架现代的波音777能够飞很远的距离，并有相当可靠的记录。你想完成什么样的旅程呢？

结束语

随着世界商业、政治和经济力量的不断加速变化，以更具创新性和企业家精神的方式进行竞争的压力也越来越大。为了应对这些变化，中央政府和地方政府采取了大量的税收激励措施、监管和法律，诸如美国国家科学基金会（NSF）资助等大规模项目，以及创建地方孵化和支持活动。学术界对此的措施包括开设大量课程、进行研究和出版、由学生举办竞赛,以及采取激进的技术转让操作。

这些努力对以互联网为基础的信息交换形式的技术产生了巨大影响,这在几年前还只是幻想。由于计算机驱动的3D建模和低成本的快速原型技术,可以实时生成新想法的实际模型,新材料使这些想法瞬间变成现实。

摩尔定律(Moore's Law)是由英特尔(Intel)联合创始人戈登·摩尔(Gordon Moore)在1965年提出的。该定律预测,一块电子芯片上的晶体管数量每年将翻一番。这一趋势一直在延续,但现在的预测是每18个月翻一番。这种动态预测使电子硬件和应用软件的设计和实施更加活跃,这将在世界各地高速发展。医学的进步已经使人们有能力创造及实施基于基因组的药物和程序,机器人技术和自动化已经将这些想法的应用提升到新的生产力水平。

这本书着眼于从基于技术的产品和服务中获得的新财富、创新和创业理念的商业现实过程。它提出了一个模型,代表了实现商业化想法的可能路径,并探讨了影响成功实现这些目标的可能性的多种力量。可以肯定的是,为了使我们能够成功地在这个不断变化的世界中竞争,必须开发新的模型和能够成功实施的实践者。